DE BEDSTE NATURLIGE KAGER: EN KOGEBOG

100 sunde kageopskrifter til den sundhedsbevidste

LIVA LARSSON

Copyright materiale ©2023

Alle rettigheder forbeholdes

Ingen del af denne bog må bruges eller transmitteres i nogen form eller på nogen måde uden korrekt skriftligt samtykke fra udgiveren og copyright-indehaveren, bortset fra korte citater brugt i en anmeldelse. Denne bog bør ikke betragtes som en erstatning for medicinsk, juridisk eller anden professionel rådgivning.

INDHOLDSFORTEGNELSE

INDHOLDSFORTEGNELSE 3
INTRODUKTION 6
RAW KAGER 7
   1. GRUNDLÆGGENDE KAGE UDEN MEL 8
   2. APPELSIN-MANDELKAGE 10
   3. HINDBÆR-CITRONDRØM 12
   4. STRAWBERRY SHORTCAKE 14
   5. KOKOSKAGE MED NUTELLA HASSELNØDDESAUCE 16
   6. CHOKOLADE-KIRSEBÆRKAGE 18
   7. MINI KAKAO MOUSSE KAGER 20
   8. MINI GULERODSKAGER MED APPELSIN 22
   9. CHOKOLADE AVOCADO RAW CAKE 24
   10. RASPBERRY LEMON RAW CHEESECAKE 26
   11. MATCHA MINT RAW CAKE 28
   12. KOKOS MANGO RAW CAKE 30
   13. BLÅBÆR VANILJE RAW CAKE 32
   14. JORDNØDDESMØR BANAN RAW KAGE 34
   15. GULERODSKAGE MED CREMET CASHEWFROSTING 36
   16. ALMOND JOY RAW CAKE 38
   17. PECAN PIE RAW CAKE 40
   18. LAVENDEL HONNING RÅ KAGE 42
FRUGTBASEREDE KAGER 44
   19. JORDBÆRBANANHAVREKAGE 45
   20. BLÅBÆR CITRONYOGHURTKAGE 47
   21. MANGO KOKOS CHIA FRØ KAGE 49
   22. ANANAS KAGE PÅ HOVEDET 51
   23. ÆBLEKANEL, VALNØDDEKAGE 53
   24. HINDBÆRMANDELKAGE 55
   25. KIWI LIME KOKOSKAGE 57
   26. FERSKEN INGEFÆR GURKEMEJEKAGE 59
   27. BLACKBERRY CITRONVALMUEFRØKAGE 61
   28. ORANGE MANGO KOKOSKAGE 63
GRØNTSAGSBASEREDE KAGER 65
   29. SØDKARTOFFELCHOKOLADEKAGE 66
   30. GULERODS ZUCCHINI KAGE 68
   31. RØDBEDEAPPELSINKAGE 70
   32. SPINAT BANANKAGE 72

33. Græskarkrydderi Blomkålskage 74
34. Butternut Squash og Æblekage 76
35. Spinat og ananas kage på hovedet 78
36. Grønkål og banankage 80

FULDKORNSKAGER **82**
37. Fuld hvede banannøddekage 83
38. Havregryn Blåbær Citronkage 85
39. Quinoa Chokolade Zucchini Kage 87
40. Speltmel Gulerodskage 89
41. Boghvede bær morgenmadskage 91
42. Teff Dadelkage 93
43. Amaranth kokos lime kage 95
44. Sorghum honningkagekage 97

SUKKERFRI KAGER **99**
45. Sundere citronkage 100
46. Chokoladesandwichkage med lavt sukkerindhold 103
47. Marokkansk appelsin- og kardemommekage 106
48. Sukkerfri citronkage 108
49. Sukkerfri Banan Valnøddekage 110
50. Sukkerfri Mandelmel Appelsinkage 112

GLUTENFRI KAGER **114**
51. Graham Cracker Cheesecake 115
52. Lemon Coconut Cupcakes 117
53. Chokoladelagkage 119
54. Citron- og blåbærkærnemælkscupcakes 121
55. Chokoladehindbærcupcakes 124
56. Simpel gul kage 126
57. Cheesecake i New York-stil 128
58. Individuelle Key Lime Cheesecakes 131
59. Dobbelt Chokolade Fudge Cheesecake 134
60. Mexicansk chokoladekage 137
61. Middelhavs sveske-blommekage 140
62. Kage uden mel uden mandel og appelsin 142
63. Appelsin- og olivenoliekage 144
64. Chokolademoussekage 146
65. Chokoladerullekage 149
66. Citronvalmuefrøkage 151
67. Blåbærlimekage 154
68. Sesam citron krus kage 156

69. Kanelrulle kruskage 158
VEGANSKAGER 160
70. Snickerdoodle Cupcakes med Sukkersmørcreme 161
71. Drømmende flødefyldte chokoladecupcakes 164
72. Ice Cream Sundae Cupcake Cones 167
73. Sød kartoffel & kaffe brownies 170
74. Chokolade-slik cheesecake 172
75. Småkager og flødekager 174
76. Jordbær-vaniljebagte d'oh-nødder 176
77. Glaseret blåbær Streusel kaffekage 178
78. Bananbuddingkage 181
79. Gulerodskage med flødeostfrosting 183
80. Dobbelt Chokolade Torte 185
81. Ristet kokos-lagkage 188
82. Kage i et krus 191
83. Kastanje- Kakaokage 193
84. Schwarzwaldkage 195
85. Græskardumpkage 198
86. Deeply Delish Frosted Chokoladekage 200
NO-BAKE KAGER 203
87. No-Bake Rom Kage 204
88. No-Bake syvlagskage 206
89. No-Bake Chokoladecremekage 208
90. No-Bake Frugtkage 210
91. No-Bake Matzoh Lagkage 212
92. No-Bake Cherry Custard Cake 214
93. No-Bake Mango Coconut Cake 216
94. No-Bake Peanut Butter Chokoladekage 218
95. No-Bake Strawberry Lemonade Cake 220
96. No-Bake Cookie Crumble Cheesecake 222
97. No-Bake Ananas Chiffon Cheesecake 224
98. No-Bake Eggnog Cheesecake 226
99. No-Bake Philly Summer Cheesecake 228
100. No-Bake Abrikos Chiffon Cheesecake 230
KONKLUSION 232

INTRODUKTION

Velkommen til De bedste naturlige kager: en kogebog, en kulinarisk rejse designet til de sundhedsbevidste, der søger den perfekte balance mellem forkælelse og velvære. Denne kogebog er en fejring af de gaver, naturen tilbyder, og præsenterer 100 sunde kageopskrifter, der ikke kun tilfredsstiller din søde tand, men også nærer din krop. Mens du bladrer gennem disse sider, skal du forberede dig på at opdage en verden, hvor dekadence og sundhedsbevidste valg forenes til lækre, skyldfrie godbidder.

Filosofien bag denne kogebog ligger i troen på, at udøvelse af sundhed ikke behøver at være et offer for smag. Naturen leverer en række sunde ingredienser, der, når de dygtigt kombineres, resulterer i kager, der ikke kun er lækre, men også passer til dine wellness-mål. Fra gamle korn til naturlige sødestoffer er hver opskrift et vidnesbyrd om ideen om, at det kan være en nærende oplevelse at behandle dig selv.

Tag med os på dette kulinariske eventyr, hvor vi vil udforske alkymien med at omdanne enkle, naturlige ingredienser til ekstraordinære kager. Rejsen handler ikke kun om bagning; det er en udforskning af, hvordan sundhedsbevidste valg problemfrit kan flettes ind i stoffet af dejlige desserter. Uanset om du er en garvet bager eller en novice i køkkenet, er De bedste naturlige kager: en kogebog din guide til at genskabe traditionelle kager med fokus på sundhed, smag og glæden, der kommer af at nyde hver bid.

Må denne kogebog være en kilde til inspiration til dine bagebestræbelser og forvandle dit køkken til et rum, hvor wellness og forkælelse forenes i en symfoni af smag. Lad os omdefinere betydningen af en skyldfri godbid, et stykke kage ad gangen.

RAW KAGER

1.Grundlæggende kage uden mel

INGREDIENSER:
- 3 kopper nødder, såsom valnødder, mandler eller paranødder
- ¼ tsk havsalt
- 1 kop udstenede Medjool dadler, pakket
- 1 spsk alkoholfri vaniljeekstrakt
- 1 til 2 spsk agavesirup (valgfrit)

INSTRUKTIONER:
a) Kom nødder og salt i en foodprocessor og bræk nødderne i stykker. Tilsæt dadler i stedet for en stor klump og vaniljen. Behandl indtil nødderne binder sig sammen med de klistrede dadler til en kagedej.
b) Test dejen ved at tage en håndfuld og klemme for at sikre, at den holder sammen. Hvis den ikke er klistret nok, så tilsæt et par dadler mere eller 1 til 2 spsk agavesirup, og bearbejd indtil den holder sammen.

2.Appelsin-mandelkage

INGREDIENSER:
- 1 opskrift Basic Flourless Cake Mix, lavet med mandler
- ½ opskrift Grundlæggende frugtsauce, lavet med appelsiner
- 1 appelsin, udstenet og segmenteret (fjern al skræl og marv)
- ¼ kop tørret kokosnød, malet til et pulver

INSTRUKTIONER:
a) Del kageblandingen i to lige store dele. Form to kagerunder i hånden. Eller beklæd en lille kageform med plastfolie først, og tryk derefter en del af dejen indeni for at danne formen. Vend den formede kage ud af formen og pil plastikken af. Gentag med den anden del af dejen.
b) Læg den første runde på en tallerken og top med appelsinfrugtsauce og segmenterede appelsinskiver. Top med den anden kagerunde. Brug en trådsigte til at drysse toppen af kagen med kokospulveret.
c) Holder sig i 3 til 4 dage i køleskabet.

3.Hindbær-citrondrøm

INGREDIENSER:
- 1 opskrift Basic Flourless Cake Mix, lavet med din yndlingsnød
- ½ opskrift Grundlæggende frugtsauce, lavet med citron
- 1½ dl hindbær

INSTRUKTIONER:
a) Del kageblandingen i to lige store dele. Form to kagerunder i hånden. Eller beklæd en lille kageform med plastfolie først, og tryk derefter en del af dejen indeni for at danne formen. Vend den formede kage ud af formen og pil plastikken af. Gentag med den anden del af dejen.
b) Læg den første runde på en tallerken og top med citronfrugtsauce og 1 kop hindbær. Top med den anden kagerunde og de resterende hindbær.
c) Holder sig i 3 til 4 dage i køleskabet.

4. Strawberry Shortcake

INGREDIENSER:
- Friske røde jordbær og sød flødeskum er lagt i lag mellem en fugtig kage uden mel.
- 1 opskrift Basic Flourless Cake Mix, lavet med din yndlingsnød
- 1 batch pisket cashewcreme
- 1½ dl skåret jordbær

INSTRUKTIONER:
a) Del kageblandingen i to lige store dele. Form to kagerunder i hånden. Eller beklæd en lille kageform med plastfolie først, og tryk derefter en del af dejen indeni for at danne formen. Vend den formede kage ud af formen og pil plastikken af. Gentag med den anden del af dejen.
b) Læg den første runde på en tallerken og top med flødeskum og halvdelen af jordbærene. Top med den anden kagerunde, den resterende fløde og de resterende jordbær.
c) Holder sig i 3 til 4 dage i køleskabet.

5.Kokoskage med Nutella hasselnøddesauce

INGREDIENSER:
- Vaniljemelfri kage er fyldt med en fyldig hasselnøddechokoladesauce, vaniljeflødeskum og hakkede mandler. Den er frostet med vaniljecreme og toppet med revet kokos.
- 1 opskrift Basic Flourless Cake Mix, lavet med din yndlingsnød
- 1 opskrift pisket cashewcreme
- 1 spsk alkoholfri vaniljeekstrakt
- 1 opskrift Nutella hasselnøddesauce
- 1 kop grofthakkede mandler
- ½ kop strimlet tørret kokosnød

INSTRUKTIONER:
a) Del kageblandingen i to lige store dele. Form to kagerunder i hånden. Eller beklæd en lille kageform med plastfolie først, og tryk derefter en del af dejen indeni for at danne formen. Vend den formede kage ud af formen og pil plastikken af. Gentag med den anden del af dejen.
b) Bland flødeskummet med vaniljeekstrakten.
c) Læg den første kagerund på et fad. Top med chokoladehasselnøddesaucen, derefter halvdelen af vaniljeflødeskummet og derefter de hakkede mandler. Top med den anden kagerunde, resterende vaniljecreme og revet kokosnød.
d) Holder sig i 4 til 5 dage i køleskabet.

6.Chokolade-kirsebærkage

INGREDIENSER:
- 1 opskrift Basic Flourless Cake Mix, lavet med din yndlingsnød
- 2/3 kop kakao eller johannesbrødpulver
- 1 opskrift Frisk frugtsyltetøj, lavet med kirsebær
- 1 kop udstenede halverede kirsebær
- 1 opskrift pisket cashewcreme

INSTRUKTIONER:
a) Tilsæt kakaoen til din kageblanding og bland godt. Del kageblandingen i to lige store dele.
b) Form to kagerunder i hånden. Eller beklæd en lille kageform med plastfolie først, og tryk derefter en del af dejen indeni for at danne formen.
c) Vend den formede kage ud af formen og pil plastikken af. Gentag med den anden del af dejen.
d) Læg den første runde på en tallerken. Top med kirsebærmarmeladen, halvdelen af kirsebærene og derefter halvdelen af flødeskummet. Top med den anden kagerunde, resterende creme og resterende kirsebær.
e) Holder sig i 3 til 4 dage i køleskabet.

7. Mini kakao mousse kager

INGREDIENSER:
SKORPE:
- 2 kopper frø og/eller nødder
- 1/2 kop dadler, udstenede og hakkede
- 1/4 kop kokosolie, smeltet
- 1 knivspids salt

MOUSSE:
- 6-10 avocadoer
- 1 1/4 kop kakaopulver
- 1 1/4 kop honning eller agave
- 2 dråber pebermynte æterisk olie

INSTRUKTIONER:
SKORPE:
a) Forarbejde frøene og/eller nødderne fint i en foodprocessor udstyret med S-bladet. Det er også muligt at hakke i hånden!
b) Bland alle ingredienserne til skorpen i en skål og ælt til det er klistret og dejagtigt.
c) Tryk i en springform, der dækker bunden jævnt.

MOUSSE:
a) Placer alle mousse-ingredienserne i din foodprocessor udstyret med et S-blad og bearbejd i cirka fem minutter.
b) Sørg for, at alt er godt blandet og silkeblødt.
c) Hæld moussen i formen og stil på køl i 8 timer.
d) Holder sig godt i køleskabet et par dage.

8.Mini gulerodskager med appelsin

INGREDIENSER:
- 1 kop daddelmarmelade – 50/50 udstenede dadler &
- 1 kop appelsinjuice
- 1/2 kop vand
- 3 tsk kokosolie
- 2 tsk agave eller honning
- 1/2 tsk vaniljepulver
- 1/2 kop rosiner
- 1 tsk ingefær, friskpresset eller finthakket eller pulveriseret
- 2 tsk krydderiblanding
- 1 tsk appelsinskal
- 1 tsk muskatnød
- 1 tsk salt

GLASUR:
- 1/4 tsk salt
- 1/2 kop cashewnødder

INSTRUKTIONER:
a) Knus mandlerne i en foodprocessor med S-bladet eller i en kraftig plastikpose med en kagerulle.
b) Bland alle kageingredienserne i en stor skål.
c) Mål 1/3 kop portioner på faste bageplader og form dem til individuelle runde, omkring 10 mm tykke.
d) Tør i ca. 6 timer, løsnes fra de faste plader og tørres i yderligere 2 timer.
e) Kagen er færdig, når den er sprød udenpå og fugtig indeni.
f) Purér alle ingredienserne til glasuren i en hurtigblender og fordel over kagerne. Du kan lade kagerne sætte sig i køleskabet et par timer.
g) Pynt med revet gulerodsstrimler og revet muskatnød.
h) Kan opbevares i køleskabet i 2 dage uden glasur.

9. Chokolade Avocado Raw kage

INGREDIENSER:
- 2 modne avocadoer
- 1 kop dadler, udstenede
- 1/2 kop rå kakaopulver
- 1/4 kop kokosolie, smeltet
- 1 tsk vaniljeekstrakt
- En knivspids salt
- 1 kop mandelmel

INSTRUKTIONER:
a) Blend avocadoer, dadler, kakaopulver, smeltet kokosolie, vaniljeekstrakt og salt i en foodprocessor, indtil det er glat.
b) Tilsæt mandelmel og puls, indtil det er godt blandet.
c) Tryk blandingen i en foret kageform.
d) Stil på køl i mindst 4 timer eller indtil stivnet.
e) Pynt med hakkede nødder eller bær inden servering.

10.Raspberry Lemon Raw Cheesecake

INGREDIENSER:
- 2 kopper rå cashewnødder, udblødt natten over
- 1 kop dadler, udstenede
- 1/2 kop kokosolie, smeltet
- 1/4 kop ahornsirup
- 1 kop friske hindbær
- Skal og saft af 2 citroner

INSTRUKTIONER:
a) Blend udblødte cashewnødder, dadler, smeltet kokosolie og ahornsirup til en jævn masse.
b) Tilsæt hindbær, citronskal og citronsaft. Blend indtil godt blandet.
c) Hæld blandingen i en springform og glat toppen.
d) Stil på køl i mindst 6 timer eller indtil den er fast.
e) Top med yderligere hindbær før servering.

11.Matcha Mint Raw kage

INGREDIENSER:
- 2 kopper rå mandler
- 1 kop dadler, udstenede
- 3 spsk kokosolie, smeltet
- 2 tsk matcha pulver
- 1 tsk pebermynteekstrakt
- En knivspids salt

INSTRUKTIONER:
a) Blend mandler, dadler, smeltet kokosolie, matchapulver, pebermynteekstrakt og salt, indtil det danner en klistret dej.
b) Pres blandingen i en kageform.
c) Afkøl i køleskabet i 3-4 timer eller indtil den er stivnet.
d) Skær i skiver og drys med ekstra matchapulver inden servering.

12.Kokos Mango Raw kage

INGREDIENSER:
- 2 kopper revet kokosnød
- 1 kop mandler
- 1 kop dadler, udstenede
- 1 kop frisk mango i tern
- 1/4 kop kokosolie, smeltet

INSTRUKTIONER:
a) Blend revet kokosnød, mandler og dadler, indtil de er smuldrende.
b) Pres blandingen ned i bunden af en kageform.
c) Purér mangoen i en blender, indtil den er glat, og bland derefter smeltet kokosolie i.
d) Hæld mangoblandingen over skorpen.
e) Stil på køl i mindst 4 timer før udskæring.

13. Blåbær Vanilje rå kage

INGREDIENSER:
- 2 kopper cashewnødder, udblødt natten over
- 1 kop dadler, udstenede
- 1/2 kop kokosolie, smeltet
- 1/4 kop ahornsirup
- 1 kop friske blåbær
- 1 tsk vaniljeekstrakt

INSTRUKTIONER:
a) Blend udblødte cashewnødder, dadler, smeltet kokosolie og ahornsirup til en jævn masse.
b) Tilsæt blåbær og vaniljeekstrakt. Blend indtil godt blandet.
c) Hæld blandingen i en kageform og glat toppen.
d) Stil på køl i mindst 6 timer eller indtil den er fast.
e) Top med yderligere blåbær inden servering.

14. Jordnøddesmør Banan Raw kage

INGREDIENSER:
- 2 kopper rå jordnødder
- 1 kop dadler, udstenede
- 3 modne bananer
- 1/2 kop jordnøddesmør
- 1/4 kop kokosolie, smeltet
- En knivspids salt

INSTRUKTIONER:
a) Blend jordnødder og dadler, indtil de danner en klistret dej.
b) Pres blandingen ned i bunden af en kageform.
c) I en blender blendes bananer, jordnøddesmør, smeltet kokosolie og salt, indtil det er glat.
d) Hæld bananblandingen over skorpen.
e) Stil på køl i mindst 3 timer før servering.

15. Gulerodskage med cremet cashewfrosting

INGREDIENSER:
- 2 kopper revne gulerødder
- 1 kop valnødder
- 1 kop dadler, udstenede
- 1 tsk stødt kanel
- 1/2 tsk stødt muskatnød
- 1 kop cashewnødder, udblødt natten over
- 1/4 kop kokosolie, smeltet
- 2 spsk ahornsirup
- 1 tsk vaniljeekstrakt

INSTRUKTIONER:
a) Blend revne gulerødder, valnødder, dadler, kanel og muskatnød, indtil der dannes en dej.
b) Pres blandingen ned i bunden af en kageform.
c) I en blender blendes udblødte cashewnødder, smeltet kokosolie, ahornsirup og vaniljeekstrakt, indtil de er cremet.
d) Fordel cashewfrostingen over gulerodsbunden.
e) Stil på køl i mindst 4 timer før udskæring.

16. Almond Joy Raw kage

INGREDIENSER:
- 2 kopper mandler
- 1 kop dadler, udstenede
- 1/2 kop revet kokosnød
- 1/4 kop kokosolie, smeltet
- 1/4 kop rå kakaopulver
- 1/2 kop mandelsmør
- 1/4 kop ahornsirup
- En knivspids salt

INSTRUKTIONER:
a) Blend mandler, dadler, strimlet kokosnød og smeltet kokosolie indtil smuldrende.
b) Pres blandingen ned i bunden af en kageform.
c) Bland råt kakaopulver, mandelsmør, ahornsirup og salt i en skål, indtil det er godt blandet.
d) Fordel chokolademandelblandingen over skorpen.
e) Stil på køl i mindst 3 timer før servering.

17. Pecan Pie Raw Cake

INGREDIENSER:
- 2 kopper pekannødder
- 1 kop dadler, udstenede
- 1/4 kop kokosolie, smeltet
- 1/4 kop ahornsirup
- 1 tsk vaniljeekstrakt
- En knivspids salt

INSTRUKTIONER:
a) Blend pekannødder, dadler, smeltet kokosolie, ahornsirup, vaniljeekstrakt og salt, indtil det danner en klistret dej.
b) Pres blandingen ned i bunden af en kageform.
c) Stil på køl i mindst 3 timer eller indtil den er stivnet.
d) Top med yderligere pekannødder inden servering.

18.Lavendel honning rå kage

INGREDIENSER:
- 2 kopper rå cashewnødder, udblødt natten over
- 1 kop mandler
- 1/2 kop dadler, udstenede
- 1/4 kop kokosolie, smeltet
- 1/4 kop honning
- 1 tsk tørrede lavendelknopper (fødevarekvalitet)

INSTRUKTIONER:
a) Blend cashewnødder, mandler, dadler, smeltet kokosolie, honning og tørrede lavendelknopper indtil glatte.
b) Pres blandingen ned i bunden af en kageform.
c) Stil på køl i mindst 4 timer eller indtil den er fast.
d) Pynt med ekstra lavendelknopper inden servering.

FRUGTBASEREDE KAGER

19.Jordbær banan havrekage

INGREDIENSER:
- 2 kopper havregryn
- 1 kop dadler, udstenede
- 2 modne bananer
- 1 kop friske jordbær, hakket
- 1/4 kop kokosolie, smeltet
- 1 tsk vaniljeekstrakt

INSTRUKTIONER:
a) Blend havregryn og dadler i en foodprocessor, indtil de er smuldrende.
b) Tilsæt bananer, kokosolie og vaniljeekstrakt. Blend indtil en dej dannes.
c) Vend hakkede jordbær i.
d) Pres blandingen i en kageform.
e) Stil på køl i mindst 2 timer før udskæring.

20. Blåbær citron yoghurt kage

INGREDIENSER:
- 2 kopper mandelmel
- 1/2 kop kokosmel
- 1 tsk bagepulver
- 1/4 tsk salt
- 1/2 kop kokosolie, smeltet
- 1/4 kop ahornsirup
- 1 kop kokosyoghurt
- Skal og saft af 2 citroner
- 1 kop friske blåbær

INSTRUKTIONER:
a) Forvarm ovnen til 350°F (175°C) og smør en kageform.
b) I en skål kombineres mandelmel, kokosmel, bagepulver og salt.
c) I en anden skål blandes smeltet kokosolie, ahornsirup, kokosyoghurt, citronskal og citronsaft.
d) Bland våde og tørre ingredienser, og vend derefter blåbær i.
e) Hæld dejen i kageformen og bag i 30-35 minutter eller indtil en tandstik kommer ren ud.

21.Mango kokos Chia frø kage

INGREDIENSER:
- 2 kopper revet kokosnød
- 1 kop dadler, udstenede
- 1 kop mango i tern
- 1/4 kop kokosolie, smeltet
- 1/4 kop chiafrø

INSTRUKTIONER:
a) Blend revet kokos og dadler, indtil de er smuldrende.
b) Tilsæt mango og smeltet kokosolie. Blend indtil det danner en klistret dej.
c) Fold chiafrø i.
d) Pres blandingen i en kageform.
e) Stil på køl i mindst 3 timer før udskæring.

22. Ananas kage på hovedet

INGREDIENSER:
- 2 kopper mandelmel
- 1/2 kop kokosmel
- 1 tsk bagepulver
- 1/4 tsk salt
- 1/2 kop kokosolie, smeltet
- 1/4 kop ahornsirup
- 1 kop ananas bidder (friske eller dåse)
- 1/4 kop kokossukker

INSTRUKTIONER:
a) Forvarm ovnen til 350°F (175°C) og smør en kageform.
b) Anret ananasstykker i bunden af gryden og drys med kokossukker.
c) I en skål kombineres mandelmel, kokosmel, bagepulver og salt.
d) I en anden skål blandes smeltet kokosolie og ahornsirup.
e) Bland våde og tørre ingredienser, og hæld derefter dejen over ananasen.
f) Bag i 30-35 minutter eller indtil en tandstik kommer ren ud.

23. Æble kanel valnødde kage

INGREDIENSER:

- 2 kopper mandelmel
- 1/2 kop kokosmel
- 1 tsk bagepulver
- 1/4 tsk salt
- 1/2 kop kokosolie, smeltet
- 1/4 kop ahornsirup
- 2 æbler, skrællet og skåret i tern
- 1/2 kop hakkede valnødder
- 1 tsk stødt kanel

INSTRUKTIONER:

a) Forvarm ovnen til 350°F (175°C) og smør en kageform.
b) I en skål kombineres mandelmel, kokosmel, bagepulver og salt.
c) I en anden skål blandes smeltet kokosolie og ahornsirup.
d) Kombiner våde og tørre ingredienser, og vend derefter æbler i tern, hakkede valnødder og stødt kanel.
e) Hæld dejen i kageformen og bag i 30-35 minutter eller indtil en tandstik kommer ren ud.

24.Hindbær mandelkage

INGREDIENSER:
- 2 kopper mandelmel
- 1/2 kop kokosmel
- 1 tsk bagepulver
- 1/4 tsk salt
- 1/2 kop kokosolie, smeltet
- 1/4 kop ahornsirup
- 1 kop friske hindbær
- 1 tsk mandelekstrakt

INSTRUKTIONER:
a) Forvarm ovnen til 350°F (175°C) og smør en kageform.
b) I en skål kombineres mandelmel, kokosmel, bagepulver og salt.
c) I en anden skål blandes smeltet kokosolie, ahornsirup og mandelekstrakt.
d) Kombiner våde og tørre ingredienser, og vend derefter forsigtigt friske hindbær i.
e) Hæld dejen i kageformen og bag i 30-35 minutter eller indtil en tandstik kommer ren ud.

25.Kiwi Lime Kokoskage

INGREDIENSER:
- 2 kopper revet kokosnød
- 1 kop dadler, udstenede
- 1/4 kop kokosolie, smeltet
- 2 kiwi, skrællet og skåret i skiver
- Skal og saft af 2 limefrugter

INSTRUKTIONER:
a) Blend revet kokos og dadler, indtil de er smuldrende.
b) Tilsæt smeltet kokosolie og blend indtil det danner en klistret dej.
c) Pres blandingen i en kageform.
d) Arranger kiwiskiver ovenpå.
e) Bland limeskal og saft, og dryp derefter over kiwi.
f) Stil på køl i mindst 2 timer før udskæring.

26.Fersken ingefær Gurkemeje kage

INGREDIENSER:
- 2 kopper mandelmel
- 1/2 kop kokosmel
- 1 tsk bagepulver
- 1/4 tsk salt
- 1/2 kop kokosolie, smeltet
- 1/4 kop ahornsirup
- 2 ferskner, skåret i skiver
- 1 tsk revet ingefær
- 1/2 tsk stødt gurkemeje

INSTRUKTIONER:
a) Forvarm ovnen til 350°F (175°C) og smør en kageform.
b) I en skål kombineres mandelmel, kokosmel, bagepulver og salt.
c) I en anden skål blandes smeltet kokosolie, ahornsirup, revet ingefær og stødt gurkemeje.
d) Bland våde og tørre ingredienser, og hæld derefter dejen i kageformen.
e) Anret ferskenskiver ovenpå.
f) Bag i 30-35 minutter eller indtil en tandstik kommer ren ud.

27.Blackberry Lemon Poppy Frø kage

INGREDIENSER:
- 2 kopper mandelmel
- 1/2 kop kokosmel
- 1 tsk bagepulver
- 1/4 tsk salt
- 1/2 kop kokosolie, smeltet
- 1/4 kop ahornsirup
- 1 kop friske brombær
- Skal og saft af 2 citroner
- 1 spsk valmuefrø

INSTRUKTIONER:
a) Forvarm ovnen til 350°F (175°C) og smør en kageform.
b) I en skål kombineres mandelmel, kokosmel, bagepulver og salt.
c) I en anden skål blandes smeltet kokosolie, ahornsirup, citronskal, citronsaft og valmuefrø.
d) Kombiner våde og tørre ingredienser, og vend derefter forsigtigt friske brombær i.
e) Hæld dejen i kageformen og bag i 30-35 minutter eller indtil en tandstik kommer ren ud.

28.Orange Mango kokos kage

INGREDIENSER:
- 2 kopper revet kokosnød
- 1 kop dadler, udstenede
- 1/4 kop kokosolie, smeltet
- 1 kop mango i tern
- Skal og saft af 2 appelsiner

INSTRUKTIONER:
a) Blend revet kokos og dadler, indtil de er smuldrende.
b) Tilsæt smeltet kokosolie og blend indtil det danner en klistret dej.
c) Pres blandingen i en kageform.
d) Bland mango, appelsinskal og appelsinjuice, og hæld derefter over skorpen.
e) Stil på køl i mindst 3 timer før udskæring.

GRØNTSAGSBASEREDE KAGER

29. Sød kartoffel chokoladekage

INGREDIENSER:
- 2 kopper mosede søde kartofler
- 1/2 kop kokosolie, smeltet
- 1/2 kop ahornsirup
- 3 æg (eller høræg for en vegansk mulighed)
- 1 tsk vaniljeekstrakt
- 1 kop mandelmel
- 1/2 kop kakaopulver
- 1 tsk bagepulver
- 1/2 tsk natron
- En knivspids salt
- 1/2 kop mælkefri chokoladechips

INSTRUKTIONER:
a) Forvarm ovnen til 350°F (175°C) og smør en kageform.
b) Bland søde kartoffelmos, smeltet kokosolie, ahornsirup, æg og vaniljeekstrakt i en skål.
c) I en anden skål kombineres mandelmel, kakaopulver, bagepulver, bagepulver og salt.
d) Tilsæt de våde ingredienser til de tørre ingredienser og bland indtil godt blandet.
e) Fold chokoladechips i.
f) Hæld dejen i kageformen og bag i 35-40 minutter eller indtil en tandstik kommer ren ud.

30.Gulerods Zucchini kage

INGREDIENSER:
- 2 kopper revet gulerødder
- 1 kop revet zucchini
- 1 kop dadler, udstenede
- 1/2 kop kokosolie, smeltet
- 3 æg (eller høræg for en vegansk mulighed)
- 1 tsk vaniljeekstrakt
- 2 kopper fuldkornshvedemel
- 1 tsk bagepulver
- 1/2 tsk natron
- 1 tsk stødt kanel
- 1/2 kop hakkede valnødder (valgfrit)

INSTRUKTIONER:
a) Forvarm ovnen til 350°F (175°C) og smør en kageform.
b) I en foodprocessor blendes dadler, smeltet kokosolie, æg og vaniljeekstrakt til en jævn masse.
c) Bland revne gulerødder, revet zucchini, fuldkornshvedemel, bagepulver, natron og kanel i en stor skål.
d) Tilsæt de våde ingredienser til de tørre ingredienser og bland indtil godt blandet.
e) Vend eventuelt hakkede valnødder i.
f) Hæld dejen i kageformen og bag i 40-45 minutter, eller indtil en tandstik kommer ren ud.

31. Rødbede appelsinkage

INGREDIENSER:
- 2 kopper revet rødbeder
- 1 kop dadler, udstenede
- 1/2 kop kokosolie, smeltet
- 3 æg (eller høræg for en vegansk mulighed)
- Skal og saft af 2 appelsiner
- 2 kopper speltmel
- 1 tsk bagepulver
- 1/2 tsk natron
- 1/2 kop hakkede pistacienødder (valgfrit)

INSTRUKTIONER:
a) Forvarm ovnen til 350°F (175°C) og smør en kageform.
b) I en foodprocessor blendes dadler, smeltet kokosolie, æg, appelsinskal og appelsinjuice til en jævn masse.
c) Bland revne rødbeder, speltmel, bagepulver og natron i en stor skål.
d) Tilsæt de våde ingredienser til de tørre ingredienser og bland indtil godt blandet.
e) Vend eventuelt hakkede pistacienødder i.
f) Hæld dejen i kageformen og bag i 40-45 minutter, eller indtil en tandstik kommer ren ud.

32.Spinat banankage

INGREDIENSER:
- 2 kopper friske spinatblade
- 1 kop dadler, udstenede
- 1/2 kop kokosolie, smeltet
- 3 modne bananer
- 2 kopper fuldkornshvedemel
- 1 tsk bagepulver
- 1/2 tsk natron
- 1 tsk stødt kanel
- 1/2 kop hakkede pekannødder (valgfrit)

INSTRUKTIONER:
a) Forvarm ovnen til 350°F (175°C) og smør en kageform.
b) I en foodprocessor blendes spinatblade, dadler, smeltet kokosolie og modne bananer, indtil de er glatte.
c) I en stor skål blandes fuldkornshvedemel, bagepulver, bagepulver og stødt kanel.
d) Tilsæt de våde ingredienser til de tørre ingredienser og bland indtil godt blandet.
e) Fold hakkede pekannødder i, hvis det ønskes.
f) Hæld dejen i kageformen og bag i 35-40 minutter eller indtil en tandstik kommer ren ud.

33.Græskarkrydderi Blomkålskage

INGREDIENSER:
- 2 kopper blomkål, fint revet
- 1 kop græskarpuré
- 1/2 kop kokosolie, smeltet
- 1/2 kop ahornsirup
- 3 æg (eller høræg for en vegansk mulighed)
- 2 kopper mandelmel
- 1 tsk bagepulver
- 1/2 tsk natron
- 1 tsk stødt kanel
- 1/2 tsk stødt muskatnød
- 1/4 tsk stødt nelliker
- En knivspids salt
- 1/2 kop hakkede pekannødder (valgfrit)

INSTRUKTIONER:
a) Forvarm ovnen til 350°F (175°C) og smør en kageform.
b) Bland revet blomkål, græskarpuré, smeltet kokosolie, ahornsirup, æg og vaniljeekstrakt i en skål.
c) I en anden skål kombineres mandelmel, bagepulver, natron, kanel, muskatnød, nelliker og salt.
d) Tilsæt de våde ingredienser til de tørre ingredienser og bland indtil godt blandet.
e) Fold hakkede pekannødder i, hvis det ønskes.
f) Hæld dejen i kageformen og bag i 40-45 minutter, eller indtil en tandstik kommer ren ud.

34. Butternut Squash og æblekage

INGREDIENSER:
- 2 kopper revet butternut squash
- 1 kop æbler, skrællet og revet
- 1 kop dadler, udstenede
- 1/2 kop kokosolie, smeltet
- 3 æg (eller høræg for en vegansk mulighed)
- 2 kopper speltmel
- 1 tsk bagepulver
- 1/2 tsk natron
- 1 tsk stødt kanel
- 1/2 tsk malet ingefær
- En knivspids salt
- 1/2 kop hakkede valnødder (valgfrit)

INSTRUKTIONER:
a) Forvarm ovnen til 350°F (175°C) og smør en kageform.
b) I en foodprocessor blender du revet butternut squash, revet æbler, dadler, smeltet kokosolie og æg, indtil det er glat.
c) I en stor skål blandes speltmel, bagepulver, natron, kanel, ingefær og salt.
d) Tilsæt de våde ingredienser til de tørre ingredienser og bland indtil godt blandet.
e) Vend eventuelt hakkede valnødder i.
f) Hæld dejen i kageformen og bag i 40-45 minutter, eller indtil en tandstik kommer ren ud.

35.Spinat og ananas på hovedet kage

INGREDIENSER:
- 2 kopper friske spinatblade
- 1 kop ananas, skåret i tern
- 1/2 kop kokosolie, smeltet
- 1 kop kokossukker
- 2 kopper fuldkornshvedemel
- 1 tsk bagepulver
- 1/2 tsk natron
- 1 tsk vaniljeekstrakt
- En knivspids salt

INSTRUKTIONER:
a) Forvarm ovnen til 350°F (175°C) og smør en kageform.
b) I en foodprocessor blendes spinatblade, smeltet kokosolie og vaniljeekstrakt, indtil det er glat.
c) Bland i en skål hakket ananas og kokossukker, og fordel det derefter jævnt på bunden af kageformen.
d) I en anden skål kombineres fuldkornshvedemel, bagepulver, bagepulver og salt.
e) Tilsæt de våde ingredienser til de tørre ingredienser og bland indtil godt blandet.
f) Hæld dejen over ananasblandingen og bag i 35-40 minutter, eller indtil en tandstik kommer ren ud.

36. Grønkål og banankage

INGREDIENSER:
- 2 kopper grønkål, stilke fjernet
- 1 kop bananer, mosede
- 1 kop dadler, udstenede
- 1/2 kop kokosolie, smeltet
- 3 æg (eller høræg for en vegansk mulighed)
- 2 kopper havremel
- 1 tsk bagepulver
- 1/2 tsk natron
- 1 tsk stødt kanel
- 1/2 tsk vaniljeekstrakt
- En knivspids salt

INSTRUKTIONER:
a) Forvarm ovnen til 350°F (175°C) og smør en kageform.
b) I en foodprocessor blendes grønkål, mosede bananer, dadler, smeltet kokosolie, æg og vaniljeekstrakt, indtil det er glat.
c) I en stor skål blandes havremel, bagepulver, natron, kanel og salt.
d) Tilsæt de våde ingredienser til de tørre ingredienser og bland indtil godt blandet.
e) Hæld dejen i kageformen og bag i 35-40 minutter eller indtil en tandstik kommer ren ud.

FULDKORNSKAGER

37.Fuld hvede banannøddekage

INGREDIENSER:
- 2 kopper fuldkornshvedemel
- 1 tsk bagepulver
- 1/2 tsk bagepulver
- 1/2 tsk salt
- 3 modne bananer, mosede
- 1/2 kop ahornsirup eller honning
- 1/3 kop kokosolie, smeltet
- 2 æg (eller høræg for en vegansk mulighed)
- 1 tsk vaniljeekstrakt
- 1/2 kop hakkede valnødder

INSTRUKTIONER:
a) Forvarm ovnen til 350°F (175°C) og smør en kageform.
b) I en stor skål piskes fuldkornshvedemel, bagepulver, bagepulver og salt sammen.
c) I en anden skål kombineres mosede bananer, ahornsirup (eller honning), smeltet kokosolie, æg (eller høræg) og vaniljeekstrakt.
d) Tilsæt de våde ingredienser til de tørre ingredienser og bland, indtil de netop er blandet.
e) Vend hakkede valnødder i.
f) Hæld dejen i kageformen og bag i 30-35 minutter eller indtil en tandstik kommer ren ud.

38.Havregryn Blåbær Citronkage

INGREDIENSER:
- 2 kopper gammeldags havre
- 1 kop fuldkornshvedemel
- 1 tsk bagepulver
- 1/2 tsk natron
- 1/2 tsk salt
- 1 kop almindelig græsk yoghurt
- 1/2 kop ahornsirup eller honning
- 1/3 kop kokosolie, smeltet
- 2 æg (eller høræg for en vegansk mulighed)
- Skal og saft af 1 citron
- 1 kop friske blåbær

INSTRUKTIONER:
a) Forvarm ovnen til 350°F (175°C) og smør en kageform.
b) I en blender males havren til en melagtig konsistens.
c) I en stor skål kombineres havremel, fuldkornshvedemel, bagepulver, bagepulver og salt.
d) Bland græsk yoghurt, ahornsirup (eller honning), smeltet kokosolie, æg (eller høræg), citronskal og citronsaft i en anden skål.
e) Tilsæt de våde ingredienser til de tørre ingredienser og bland, indtil de netop er blandet.
f) Vend forsigtigt friske blåbær i.
g) Hæld dejen i kageformen og bag i 35-40 minutter eller indtil en tandstik kommer ren ud.

39. Quinoa Chokolade Zucchini kage

INGREDIENSER:
- 1 kop kogt quinoa, afkølet
- 1/2 kop fuldkornshvedemel
- 1/2 kop kakaopulver
- 1 tsk bagepulver
- 1/2 tsk natron
- 1/2 tsk salt
- 2 æg (eller høræg for en vegansk mulighed)
- 1/4 kop kokosolie, smeltet
- 1/2 kop ahornsirup eller honning
- 1 tsk vaniljeekstrakt
- 1 1/2 kopper revet zucchini

INSTRUKTIONER:
a) Forvarm ovnen til 350°F (175°C) og smør en kageform.
b) I en stor skål kombineres kogt quinoa, fuldkornshvedemel, kakaopulver, bagepulver, bagepulver og salt.
c) I en anden skål piskes æg (eller høræg), smeltet kokosolie, ahornsirup (eller honning) og vaniljeekstrakt sammen.
d) Tilsæt de våde ingredienser til de tørre ingredienser og bland, indtil de netop er blandet.
e) Vend forsigtigt revet zucchini i.
f) Hæld dejen i kageformen og bag i 30-35 minutter eller indtil en tandstik kommer ren ud.

40.Speltmel Gulerodskage

INGREDIENSER:
- 2 kopper speltmel
- 1 tsk bagepulver
- 1/2 tsk natron
- 1/2 tsk salt
- 1 tsk stødt kanel
- 1/2 tsk stødt muskatnød
- 1/2 kop kokosolie, smeltet
- 1/2 kop ahornsirup eller honning
- 2 æg (eller høræg for en vegansk mulighed)
- 1 tsk vaniljeekstrakt
- 2 kopper revet gulerødder
- 1/2 kop hakkede pekannødder

INSTRUKTIONER:
a) Forvarm ovnen til 350°F (175°C) og smør en kageform.
b) I en stor skål piskes speltmel, bagepulver, natron, salt, kanel og muskatnød sammen.
c) I en anden skål kombineres smeltet kokosolie, ahornsirup (eller honning), æg (eller høræg) og vaniljeekstrakt.
d) Tilsæt de våde ingredienser til de tørre ingredienser og bland, indtil de netop er blandet.
e) Vend forsigtigt revne gulerødder og hakkede pekannødder i.
f) Hæld dejen i kageformen og bag i 35-40 minutter eller indtil en tandstik kommer ren ud.

41.Boghvede bær morgenmadskage

INGREDIENSER:
- 1 kop boghvedemel
- 1/2 kop mandelmel
- 1 tsk bagepulver
- 1/2 tsk natron
- 1/4 tsk salt
- 2 modne bananer, mosede
- 1/4 kop kokosolie, smeltet
- 1/4 kop ahornsirup
- 2 æg (eller høræg for en vegansk mulighed)
- 1 tsk vaniljeekstrakt
- 1 kop blandede bær (blåbær, hindbær, jordbær)

INSTRUKTIONER:
a) Forvarm ovnen til 350°F (175°C) og smør en kageform.
b) I en skål piskes boghvedemel, mandelmel, bagepulver, natron og salt sammen.
c) I en anden skål blandes mosede bananer, smeltet kokosolie, ahornsirup, æg (eller høræg) og vaniljeekstrakt.
d) Bland våde og tørre ingredienser, og vend derefter forsigtigt blandede bær i.
e) Hæld dejen i kageformen og bag i 30-35 minutter eller indtil en tandstik kommer ren ud.

42.Teff dadelkage

INGREDIENSER:
- 1 kop teff mel
- 1/2 kop havremel
- 1 tsk bagepulver
- 1/2 tsk natron
- 1/4 tsk salt
- 1 kop dadler, udstenede og hakkede
- 1/2 kop kokosolie, smeltet
- 2 æg (eller høræg for en vegansk mulighed)
- 1 tsk vaniljeekstrakt
- 1 kop mandelmælk

INSTRUKTIONER:
a) Forvarm ovnen til 350°F (175°C) og smør en kageform.
b) I en skål piskes teffmel, havremel, bagepulver, natron og salt sammen.
c) I en separat skål kombineres hakkede dadler, smeltet kokosolie, æg (eller høræg), vaniljeekstrakt og mandelmælk.
d) Bland våde og tørre ingredienser, og hæld derefter dejen i kageformen.
e) Bag i 35-40 minutter eller indtil en tandstik kommer ren ud.

43.Amaranth kokos lime kage

INGREDIENSER:
- 1 kop amarantmel
- 1/2 kop kokosmel
- 1 tsk bagepulver
- 1/2 tsk natron
- 1/4 tsk salt
- 1/2 kop kokosolie, smeltet
- 1/2 kop ahornsirup
- Skal og saft af 2 limefrugter
- 2 æg (eller høræg for en vegansk mulighed)
- 1 kop kokosmælk

INSTRUKTIONER:
a) Forvarm ovnen til 350°F (175°C) og smør en kageform.
b) I en skål piskes amarantmel, kokosmel, bagepulver, natron og salt sammen.
c) I en anden skål blandes smeltet kokosolie, ahornsirup, limeskal, limesaft, æg (eller høræg) og kokosmælk.
d) Bland våde og tørre ingredienser, og hæld derefter dejen i kageformen.
e) Bag i 30-35 minutter eller indtil en tandstik kommer ren ud.

44.Sorghum honningkage kage

INGREDIENSER:
- 1 kop sorghum mel
- 1/2 kop havremel
- 1 tsk bagepulver
- 1/2 tsk natron
- 1/2 tsk malet ingefær
- 1/2 tsk stødt kanel
- 1/4 tsk stødt nelliker
- 1/4 tsk salt
- 1/2 kop melasse
- 1/4 kop kokosolie, smeltet
- 2 æg (eller høræg for en vegansk mulighed)
- 1 kop varmt vand

INSTRUKTIONER:
a) Forvarm ovnen til 350°F (175°C) og smør en kageform.
b) I en skål piskes sorghummel, havremel, bagepulver, natron, ingefær, kanel, nelliker og salt sammen.
c) I en anden skål blandes melasse, smeltet kokosolie, æg (eller høræg) og varmt vand.
d) Bland våde og tørre ingredienser, og hæld derefter dejen i kageformen.
e) Bag i 40-45 minutter eller indtil en tandstik kommer ren ud.

SUKKERFRI KAGER

45. Sundere citronkage

INGREDIENSER:
- 75ml rapsolie, plus ekstra til dåsen
- 175 g selvhævende mel
- 1½ tsk bagepulver
- 50 g malet mandel
- 50 g polenta
- Finrevet skal af 2 citroner
- 140 g gyldent strøsukker
- 2 store æg
- 225 g naturlig yoghurt

TIL CITRONSIRUPEN:
- 85 g flormelis
- Saft af 2 citroner (ca. 5 spsk)

INSTRUKTIONER:
a) Forvarm ovnen til 180C/160C blæser/gas 4.
b) Olie en 20 cm rund x 5 cm dyb kageform let og beklæd bunden med bagepapir.
c) I en stor røreskål kombineres mel, bagepulver, malede mandler, polenta, citronskal og sukker.
d) Lav en dukkert i midten.
e) Pisk æg i en separat skål, og rør derefter yoghurt i.
f) Tilsæt denne blanding sammen med olien i dippen og rør forsigtigt med en stor metalske, indtil den netop er blandet.
g) Hæld blandingen i formen og plan toppen.
h) Bages i 40 minutter, eller indtil et spyd, der stikkes i midten, kommer rent ud.
i) Dæk løst med folie i de sidste 5-10 minutter, hvis det bruner for hurtigt.
j) Mens kagen bager laves citronsiruppen.
k) I en gryde kombineres strøsukker, citronsaft og 75 ml vand.
l) Opvarm over medium varme, rør af og til, indtil sukkeret er opløst.
m) Hæv varmen, kog i 4 minutter, indtil let reduceret og sirupsagtig, og tag derefter af varmen.
n) Tag kagen ud af ovnen og lad den afkøle kort i formen.
o) Mens den er lun, vend den ud af formen, pil beklædningspapiret af og læg den på en rist over en bageplade.
p) Brug et spyd til at lave små huller over hele toppen af kagen.
q) Hæld langsomt halvdelen af citronsiruppen over og lad den trække ind.
r) Hæld resten over, pensl kanterne og siderne af kagen med det sidste sirup.

46. Chokoladesandwichkage med lavt sukkerindhold

INGREDIENSER:
TIL KAGEN:
- 150 ml rapsolie, plus ekstra til smøring
- 250 g kogte rødbeder
- 50 g kakao
- 140 g almindeligt fuldkornsmel
- 100 g almindeligt hvidt mel
- 50 g malede mandler
- 2 tsk bagepulver
- 1 tsk bicarbonat sodavand
- 2 store æg
- 2 tsk vaniljeekstrakt
- 50 ml skummetmælk

TIL CHOKOLADECREMEN:
- 150ml pot naturlig bio-yoghurt
- 2 spsk kakao
- 150ml pot double cream

INSTRUKTIONER:

a) Forvarm ovnen til 160C/140C/gas 3, og smør derefter bunden af to 20 cm sandwichforme med bagepapir.
b) Rør yoghurt med kakao til chokoladecremen, og stil derefter til side.
c) Til kagen blendes rødbeder i en foodprocessor, indtil den minder om en tyk puré.
d) Tilsæt kakao, mel, malede mandler, bagepulver og sodavand. Puls kort for at blande.
e) Tilsæt æg, 150 ml rapsolie, vaniljeekstrakt og mælk til rødbedeblandingen. Blitz for at lave en jævn flydende dej.
f) Fordel dejen jævnt mellem formene og bag i 25-30 minutter, indtil et spyd, der er stukket i midten, kommer rent ud.
g) Afkøl, tag derefter ud af formene og afkøl færdig på en rist. Fjern foringspapiret, når det er koldt.
h) Pisk den dobbelte fløde til den holder formen.
i) Rør kakaoblandingen, og vend derefter alt sammen undtagen 2 tsk.
j) Fordel en tredjedel på toppen af den ene kage, top med den resterende svamp, og fordel med resten af chokoladecremen for en hvirvlende finish.
k) Prik over den reserverede kakaoblanding og føj forsigtigt ind med enden af en teskefuld.
l) Stil på køl i et par dage, men vend tilbage til stuetemperatur, før du spiser for den bedste smag og konsistens.

47. Marokkansk appelsin & kardemomme kage

INGREDIENSER:
- 2 appelsiner, skrubbede
- Frø af 6 grønne kardemommebælge, knuste
- 6 store æg
- 200 g pakke malede mandler
- 50 g polenta
- 25 g selvhævende mel
- 2 tsk bagepulver
- 1 spsk mandler i flager
- Græsk yoghurt eller fløde til servering

INSTRUKTIONER:
a) Kom de hele appelsiner i en gryde, dæk med vand og kog i 1 time, indtil en kniv let gennemborer dem. Læg eventuelt et lille grydelåg direkte ovenpå for at holde dem nedsænket.
b) Fjern appelsiner, afkøl, kvartér derefter og fjern kerner og kerne. Blend til en groft puré med en stavblender eller foodprocessor, og kom den derefter i en stor skål.
c) Forvarm ovnen til 160C/140C blæser/gas 3.
d) Beklæd bunden og siderne af en 21 cm løsbundet kageform med bagepapir.
e) Pisk kardemomme og æg i appelsinpuréen.
f) Bland malede mandler med polenta, mel og bagepulver, og vend derefter i appelsinblandingen, indtil det er godt blandet.
g) Skrab blandingen i formen, plan toppen og bag i 40 minutter.
h) Efter 40 minutter drysser du flager af mandler over kagen, vender tilbage til ovnen og bages i yderligere 20-25 minutter, indtil et spyd, der stikkes i midten, kommer rent ud.
i) Tag den ud af formen og lad den køle af.
j) Server i skiver som kage eller med græsk yoghurt eller fløde som dessert.

48. Sukkerfri citronkage

INGREDIENSER:
- 225 g selvhævende mel, sigtet
- ½ tsk bagepulver
- 2 citroner, kun skal
- 2 store æg, ved stuetemperatur
- 125 ml solsikkeolie
- 1 spsk mælk
- 200g 0% fedt græsk yoghurt

INSTRUKTIONER:
a) Forvarm ovnen til 180C/160C blæser/gas 4.
b) Smør og beklæd en 1,2-liters brødform (22 cm x 13 cm bredde, 7 cm dybde) med bagepapir.
c) Bland mel, bagepulver og citronskal i en stor skål.
d) Bland æg, solsikkeolie, mælk og yoghurt i en separat skål eller kande.
e) Rør de våde ingredienser i melblandingen.
f) Hæld dejen i formen og glat overfladen.
g) Sæt straks i ovnen og bag på midterste rille i 1 time - 1 time og 10 min.
h) Tjek efter 50 minutter; hvis kagen er ved at blive for mørk, dækkes løst med folie.
i) Afkøl kagen i formen, inden den vendes ud.

49.Sukkerfri Banan Valnøddekage

INGREDIENSER:
- 2 kopper fuldkornshvedemel
- 1 tsk bagepulver
- 1/2 tsk natron
- 1/2 tsk kanel
- 3 modne bananer, mosede
- 1/2 kop usødet æblemos
- 1/4 kop kokosolie, smeltet
- 2 æg (eller høræg for en vegansk mulighed)
- 1 tsk vaniljeekstrakt
- 1/2 kop hakkede valnødder

INSTRUKTIONER:
a) Forvarm ovnen til 350°F (175°C) og smør en kageform.
b) I en skål piskes fuldkornshvedemel, bagepulver, natron og kanel sammen.
c) Bland mosede bananer, æblemos, smeltet kokosolie, æg (eller høræg) og vaniljeekstrakt i en anden skål.
d) Bland våde og tørre ingredienser, og vend derefter hakkede valnødder i.
e) Hæld dejen i kageformen og bag i 30-35 minutter eller indtil en tandstik kommer ren ud.

50. Sukkerfri mandelmel appelsinkage

INGREDIENSER:
- 2 kopper mandelmel
- 1 tsk bagepulver
- 1/2 tsk natron
- Skal og saft af 2 appelsiner
- 1/4 kop kokosolie, smeltet
- 3 æg (eller høræg for en vegansk mulighed)
- 1 tsk vaniljeekstrakt
- 1/2 kop usødet mandelmælk

INSTRUKTIONER:
a) Forvarm ovnen til 350°F (175°C) og smør en kageform.
b) I en skål piskes mandelmel, bagepulver og natron sammen.
c) Bland appelsinskal, appelsinjuice, smeltet kokosolie, æg (eller høræg), vaniljeekstrakt og mandelmælk i en anden skål.
d) Bland våde og tørre ingredienser, og hæld derefter dejen i kageformen.
e) Bag i 30-35 minutter eller indtil en tandstik kommer ren ud.

GLUTENFRI KAGER

51. Graham Cracker Cheesecake

INGREDIENSER:
TIL SKORPEN:
- 2 kopper knuste glutenfri graham-kiks
- ¼ kop hvidt sukker
- 6 spsk usaltet smør, smeltet

TIL FYLDET:
- 2 ½ (8-ounce) pakker flødeost, blødgjort ½ kop honning
- 3 store æg
- 2 spsk mælk
- 1 ½ tsk vaniljeekstrakt
- ¼ tsk salt

TIL COULIS:
- 250 g blåbær (eller andre bær, hvis du foretrækker det)
- 100 ml / 6 spsk vand
- 2 spsk ahornsirup/agavenektar

INSTRUKTIONER:
a) Forvarm ovnen til 180C / 350F
b) Rør skorpeingredienserne sammen, indtil det er godt blandet.
c) Hæld skorpeblandingen i en 9-tommer rund springform og tryk den jævnt langs smørret og cirka 1 tomme op ad siderne.
d) Bag skorpen i 8 minutter og stil den derefter til afkøling.
e) I en røreskål pisk flødeost og honning sammen, indtil det er glat.
f) I en separat skål piskes æg, mælk, vaniljeekstrakt og salt sammen. Tilsæt blandingen til flødeostblandingen og blend godt.
g) Fold brombærene i og pas på ikke at bryde dem op.
h) Hæld fyldet i den afkølede skorpe og bag i 30 minutter, eller indtil cheesecaken netop er sat i midten.
i) Lad cheesecaken køle af, og fjern derefter forsigtigt siderne af springformen.
j) Stil cheesecaken på køl i mindst 4 timer før servering.
k) Lav coulisen ved at komme bærrene i en gryde med vand og sirup, kog ved middel varme i 2-3 minutter.
l) Tag af varmen og lad det køle af. Du kan suse op for at gøre det glat eller lade det være som det er.
m) Top cheesecaken med coulis.

52. Lemon Coconut Cupcakes

INGREDIENSER:
- 1 kop brunt rismel
- 1 kop kartoffelstivelse
- 1 kop hvidt sukker
- 1 tsk bagepulver
- 1 tsk bagepulver
- 1 tsk xanthangummi
- ½ tsk salt
- 1 kop usødet kokosmælk
- 1 stort æg
- 3 spsk kokosolie, smeltet
- 1 spsk frisk citronsaft
- ½ tsk citronekstrakt
- ½ tsk kokosnøddeekstrakt

INSTRUKTIONER:
a) Forvarm ovnen til 180C / 350F og beklæd en almindelig muffinform med papirliner.
b) Bland rismel, kartoffelstivelse, sukker, bagepulver, bagepulver, xanthangummi og salt i en røreskål. Rør grundigt.
c) I en separat skål piskes kokosmælk, æg, kokosolie, citronsaft, kokosekstrakt og citronekstrakt sammen.
d) Tilsæt de tørre ingredienser i små portioner og pisk, indtil det er glat og godt blandet.
e) Hæld dejen i den forberedte gryde, og fyld hver kop cirka 2/3 fuld.
f) Bages i 15 til 18 minutter, indtil en kniv kan stikkes ind i midten og komme ud uden dej
g) Afkøl cupcakes på panden i 5 minutter og vend dem ud på en rist for at køle helt af.

53. Chokolade lagkage

INGREDIENSER:
- 3 kopper hvidt sukker
- 2 kopper sorghum mel
- 1 kop hvidt rismel
- 1 kop kartoffelstivelse
- 1 kop kakaopulver
- 1 spsk xanthangummi
- 2 tsk bagepulver
- 1 ¼ teskefulde bagepulver
- ¾ tsk salt
- 2 kopper skummetmælk
- 4 store æg, let pisket
- ½ kop rapsolie
- 1½ spsk vaniljeekstrakt

HURTIG SMØRCREME FROSTING:
- 1/2 kop smør, blødgjort
- 4-1/2 kopper konditorsukker
- 1-1/2 tsk vaniljeekstrakt
- 5 til 6 spsk 2% mælk

INSTRUKTIONER:
a) Forvarm ovnen til 180C / 350F og smør to 9-tommer runde kageforme.
b) Bland mel, kartoffelstivelse, kakaopulver, xanthangummi, bagepulver, natron og salt i en røreskål.
c) Pisk mælk, æg, rapsolie og vaniljeekstrakt i, indtil det er glat og godt blandet.
d) Pisk dejen ved høj hastighed i 2 minutter, indtil den er let og luftig.
e) Fordel dejen mellem de to kageforme og fordel jævnt.
f) Bag i 35 minutter, roter halvvejs igennem, indtil en kniv kan stikkes ind i midten og komme ud uden dej.
g) Lad lagene køle af i 5 minutter i panderne og vend dem ud på rist for at køle helt af.
h) For at froste, top det ene lag med et lag glasur og læg det andet kagelag ovenpå.
i) Dæk kagen med frosting og pynt som ønsket.
j) Hurtig smørcremefrosting:
k) Pisk smørret til det er cremet og tilsæt sukker og vanilje. Tilsæt mælk, indtil du har den ønskede konsistens.
l) For at lave en chokoladeglasur tilsæt ½ kop kakao og reducer sukkeret med ½ kop.

54. Citron og blåbær kærnemælk Cupcakes

INGREDIENSER:

- 190 g (11/3 kopper) almindelig (all-purpose) glutenfri melblanding
- 15 g (2 spsk) malede mandler
- 140 g (2/3 kop) naturligt caster (superfint) sukker
- 1½ tsk glutenfrit bagepulver
- 1/8 tsk sodavand (bagepulver)
- ½ tsk Xanthangummi
- 55 g (4 spsk) Smøragtig solsikkespredning
- 1 UK Large (US Extra Large) Free Range Egg
- 120 ml (½ kop) kærnemælk
- 120 ml (½ kop) halvskummet (2 % fedtreduceret) mælk
- 1 citron, skal og saft, delt
- 110 g (¾ kop) friske eller optøede, frosne blåbær
- 1/8 tsk hav (kosher)
- Salt
- 120 g (1 kop) flormelis (pulveriseret) sukker

INSTRUKTIONER:
a) Forvarm ovnen til 350F. Beklæd 2 muffinsforme med 12 cupcake-indpakninger.
b) Smelt smørret i en lille gryde, og lad det køle lidt af. I en kande piskes æg, kærnemælk, mælk, fintrevet skal fra citronen og det smeltede smørepålæg sammen.
c) Hvis du bruger optøede frosne blåbær, dup dem grundigt tørre på køkkenpapir.
d) Sæt 12 til side til at dekorere de færdige kager, læg derefter resten i en lille skål og vend med 1 spsk mel (fra den målte mængde mel til opskriften).
e) Kombiner mel, malede mandler, sukker, bagepulver, sodavand, xanthangummi og salt i et stativ eller håndholdt madmixer.
f) Lav en brønd i midten af den tørre blanding og hæld kærnemælk/æggeblandingen i. Bland sammen ved lav hastighed, indtil det er godt blandet.
g) Tilsæt blåbærene og bland igen ved lav hastighed, indtil de er blandet. Hæld dejen i forberedte kagepapir.
h) Bages i 15-20 minutter, eller indtil cupcakes springer tilbage, når de røres let i midten.
i) Tag ud af ovnen og sæt til afkøling på rist.
j) Juice citronen. Kom flormelis (pulver) i kanden og tilsæt nok citronsaft til at slappe af til en tyk, flødeagtig konsistens.
k) Brug en teske til at fordele cupcakes og pynt med de reserverede blåbær.

55. Chokolade hindbær cupcakes

INGREDIENSER:
- ½ kop sorghummel
- ½ kop hirsemel
- 1/3 kop tapiokamel
- 1/3 kop kartoffelstivelse
- ¼ kop usødet kakaopulver
- 1 tsk xanthangummi
- 1 ½ tsk bagepulver
- ½ tsk bagepulver
- ¼ tsk havsalt
- ½ kop sødmælk
- ½ kop varmt vand
- 2 store æg, pisket
- 3 spsk rapsolie
- 1 tsk vaniljeekstrakt
- 1 kop friske hindbær

INSTRUKTIONER:
a) Forvarm ovnen til 180C / 350F og beklæd en muffinform med papirliner.
b) Bland mel, kartoffelstivelse, natron, xanthangummi, bagepulver, kakaopulver og salt i en røreskål.
c) I en separat skål blandes mælk, vand, æg, vaniljeekstrakt og rapsolie sammen.
d) Pisk de tørre ingredienser i, indtil det er glat og godt blandet – pisk ved høj hastighed i 2 minutter.
e) Læg hindbærrene i en skål og mos forsigtigt med en gaffel. Vend hindbærrene i dejen.
f) Hæld dejen i den forberedte gryde, og fyld hver kop cirka 2/3 fuld.
g) Bages i 18 til 20 minutter, indtil en kniv kan stikkes ind i midten og komme ud uden dej
h) Afkøl cupcakes i 5 minutter på panden og vend dem ud på en rist for at køle helt af. Top med glasur og ekstra hindbær.

56. Simpel gul kage

INGREDIENSER:
- ¾ kopper sorghum mel
- ¾ kopper hirsemel
- ½ kop tapiokamel
- ½ kop kartoffelstivelse
- ½ kop arrowroot pulver
- 1 spsk bagepulver
- 2 teskefulde xanthangummi
- ½ tsk havsalt
- 1 ¼ kop skummetmælk
- ¾ kop rapsolie
- 4 store æg plus 1 blomme
- 1 spsk vaniljeekstrakt

INSTRUKTIONER:
a) Forvarm ovnen til 180C / 350F og smør to 9-tommer runde kageforme.
b) Bland de første otte ingredienser i en røreskål.
c) I en separat skål piskes mælk, rapsolie, æg, æggeblomme og vaniljeekstrakt sammen.
d) Pisk de tørre ingredienser ud i det våde i små portioner, indtil det er glat.
e) Pisk dejen ved høj hastighed i 2 minutter, indtil den er lys.
f) Fordel dejen jævnt mellem de to pander og bag i 30 til
g) minutter, indtil en kniv kan stikkes ind i midten og komme ud uden dej
h) Afkøl kagelagene i formene i 5 minutter og vend dem ud på en rist for at køle helt af.
i) For at froste, top det ene lag med frosting og læg derefter det andet kagelag ovenpå. Dæk hele kagen med frosting.

57.Cheesecake i New York-stil

INGREDIENSER:
TIL SKORPEN
- 2 kopper (224 g) mandelmel
- 1/4 tsk salt
- 11/2 spsk (18 g) brun farin
- 1/4 kop (56 g) usaltet smør, smeltet

TIL OSTEKAGEN
- 1 pund (454 g) flødeost, ved stuetemperatur
- 2 spsk (16 g) majsstivelse
- 2/3 kop (128 g) granuleret sukker Knip salt
- 1/2 kop (120 g) creme fraiche, ved stuetemperatur
- 2 teskefulde (10 ml) glutenfri vaniljeekstrakt
- 1/8 tsk glutenfri mandelekstrakt 2 store æg, ved stuetemperatur
- 1 kop (235 ml) koldt vand

INSTRUKTIONER:
SKORPE
a) Spray let bunden og siderne af en 7 x 3-tommer (18 x 7,6 cm) springform med nonstick-spray (den slags uden mel i).
b) Klip en cirkel af bagepapir i samme størrelse som bunden af din springform. Placer pergamentcirklen på bunden af din gryde og spray let med yderligere nonstick-spray. Sæt til side.
c) Bland mandelmel, salt og brun farin i en lille skål. Tilsæt det smeltede smør og rør med en gaffel til det hænger sammen.
d) Hæld skorpeblandingen i den forberedte gryde. Fordel med fingrene og tryk forsigtigt ned for at danne et jævnt lag. Stil gryden i fryseren, mens du laver cheesecakedejen.

OSTEKAGE
e) I en mellemskål, pisk flødeosten med en håndmixer ved lav hastighed, indtil den er glat. Kombiner majsstivelse, granuleret sukker og salt i en lille røreskål. Tilsæt halvdelen af sukkerblandingen til flødeosten og pisk indtil den netop er inkorporeret. Skrab siderne af din skål ned med en spatel. Tilsæt den resterende sukkerblanding og pisk indtil den netop er inkorporeret. Tilsæt cremefraiche og vanilje- og mandelekstrakter til flødeostblandingen. Pisk indtil det lige kommer sammen.
f) Tilsæt æggene, et ad gangen, og skrab skålen godt ned efter hver tilsætning. Overbland ikke.

g) Fjern skorpen fra fryseren. Pak bunden af gryden tæt ind med aluminiumsfolie for at forhindre lækager. Hæld flødeostdejen over skorpen. Bank let på bordpladen for at fjerne luftbobler.
h) Hæld det kolde vand i den inderste gryde på din trykkoger. Læg en bordskåner i gryden. Brug en folieslynge til forsigtigt at placere cheesecake-formen oven på bordskånet. Sørg for, at panden ikke rører vandet.
i) Luk og lås låget, og sørg for, at dampudløserknappen er i tætningsposition. Kog ved højt tryk i 40 minutter. Når du er færdig, skal du bruge hurtigudløsningsmetoden ved at dreje udløserknappen til udluftningspositionen og udløse dampen. Når flydestiften falder, låses låget op og åbnes forsigtigt. Tør forsigtigt overfladen af cheesecaken med et køkkenrulle for at absorbere eventuel kondens.
j) Fjern forsigtigt cheesecaken og læg den på en rist til afkøling.
k) Når cheesecaken er helt afkølet, sættes den i køleskabet i 6 til 8 timer eller natten over. Tag cheesecaken ud af køleskabet, når den er klar til servering. Slip siderne af springformen og kør en tynd kniv mellem bagepapiret og skorpen, og skub derefter forsigtigt over på en serveringsplade.

58.Individuelle Key Lime Cheesecakes

INGREDIENSER:
TIL SKORPEN
- 11/4 kopper (125 g) malede glutenfri sandkager (såsom Pamelas mærke)
- 11/2 tsk brun farin
- 2 spsk (28 g) usaltet smør, smeltet Knip salt

TIL OSTEKAGEN
- 8 ounce (227 g) flødeost, ved stuetemperatur
- 1 spsk (8 g) majsstivelse
- 1/3 kop (65 g) granuleret sukker
- Knivspids salt
- 1 spsk (15 ml) Key lime juice
- 1/4 kop (60 g) creme fraiche, ved stuetemperatur
- 1 tsk glutenfri vaniljeekstrakt
- 1 spsk (6 g) fintrevet nøglelimeskal, plus mere til pynt
- 1 stort æg, ved stuetemperatur 11/2 kopper (355 ml) vand Flødeskum, til pynt

SKORPE
a) Spray let indersiden af seks 4-ounce (115 g) murerglas med nonstick-spray.
b) Bland de knuste småkager, brun farin, smør og salt i en lille skål. Fordel småkageblandingen jævnt mellem mason krukkerne. Tryk forsigtigt kagebunden mod bunden af glassene.

OSTEKAGE
c) I en mellemskål, pisk flødeosten med en håndmixer ved lav hastighed, indtil den er glat. Kombiner majsstivelse, granuleret sukker og salt i en lille røreskål. Tilsæt sukkerblandingen til flødeosten og pisk indtil den netop er inkorporeret. Skrab siderne af skålen ned med en spatel.
d) Tilsæt limesaft, cremefraiche, vanilje og limeskal til flødeostblandingen. Pisk indtil det lige kommer sammen. Tilsæt ægget; rør til det lige er blandet. Overbland ikke.
e) Fordel cheesecakedejen ligeligt mellem glassene. Bank let glassene mod disken for at frigøre eventuelle store luftbobler.
f) Tilsæt vandet i bunden af den inderste gryde.
g) Læg en bordskåne inde i gryden. Placer de fyldte glas på bordskånet, og pas på, at siderne af glassene ikke rører hinanden eller siderne af

gryden. Du skal kunne passe fem rundt om kanterne og have plads til en krukke i midten. Læg et stort stykke folie let over alle glassene.

h) Luk og lås låget, og sørg for, at dampudløserknappen er i tætningsposition. Kog ved højtryk i 4 minutter. Når tilberedningstiden er afsluttet, lad en naturlig frigivelse i 10 minutter, flyt derefter knappen til udluftningspositionen og frigør eventuel resterende damp. Når flydestiften falder, låses låget op og åbnes forsigtigt. Tryk på Annuller.

i) Fjern folien og absorber eventuel kondens på overfladen af cheesecakes ved forsigtigt at duppe dem med et køkkenrulle. Lad ostekagerne køle af i gryden i 30 minutter, tag dem derefter ud på en rist og lad dem køle af, indtil de når stuetemperatur. Dæk ostekagerne med plastfolie og stil dem i køleskabet i mindst 6 til 8 timer, gerne natten over.

j) Server pyntet med flødeskum og ekstra limeskal.

59. Dobbelt Chokolade Fudge Cheesecake

INGREDIENSER:
TIL SKORPEN
- 1 (6,1 ounce eller 171 g) æske glutenfri chokoladekager
- 1 spiseskefuld (12 g) granuleret sukker
- 1/4 tsk salt
- 2 spsk (28 g) usaltet smør, smeltet

TIL OSTEKAGEN
- 11/4 kopper (219 g) halvsøde chokoladechips
- 1 pund (454 g) flødeost, ved stuetemperatur
- 3/4 kop (144 g) granuleret sukker
- 3 store æg, ved stuetemperatur
- 1/4 kop (60 g) creme fraiche
- 2 teskefulde (10 ml) glutenfri vaniljeekstrakt
- 1 1/2 kopper (355 ml) vand
- Konditorsukker, til afstøvning

INSTRUKTIONER:
SKORPE
a) Spray en 7 x 3-tommer (18 x 7,6 cm) springform med nonstick-spray. Skær en pergamentcirkel i samme størrelse som bunden af gryden og læg den i din gryde. Sprøjt pergamentet. Sæt til side.

b) Læg småkagerne i skålen på en foodprocessor og pulsér, indtil de ligner groft sand. Hæld småkagekrummerne i en mellemstor skål og tilsæt sukker og salt. Rør for at kombinere. Tilsæt det smeltede smør og rør, indtil blandingen hænger sammen.

c) Tryk forsigtigt krummerne jævnt på bunden af den forberedte pande. Brug fingrene eller et fladbundet glas til at presse skorpen på plads. Sæt skorpen i fryseren, mens du laver fyldet.

OSTEKAGE
d) Smelt chokoladechipsene ved høj effekt i en medium mikroovnsikker skål, omrør hvert 30. sekund, indtil glat og helt smeltet. Lad afkøle lidt.

e) Pisk flødeosten i skålen med en røremaskine, indtil den er glat. Tilsæt 3/4 kop (144 g) granuleret sukker og fortsæt med at piske. Tilsæt æggene, et ad gangen, pisk i 1 minut og skrab ned i siderne af skålen efter hver tilføjelse. Pisk creme fraiche og vanilje i, indtil det er helt indarbejdet.

f) Med røremaskinen på lav hastighed tilsættes langsomt den afkølede smeltede chokolade. Bland helt i.

g) Hæld fyldet i den forberedte skorpe.
h) Bank fadet på bordet for at fjerne luftbobler.
i) Placer en bordskåne i bunden af den inderste gryde på din trykkoger og tilsæt vandet.
j) Pak bunden af springformen tæt ind i aluminiumsfolie. Spray let et stykke folie med nonstick madlavningsspray og læg (sprøjtesiden nedad) over cheesecaken. Brug en folieslynge, sænk gryden ned på bordskånet.
k) Luk og lås låget, og sørg for, at dampudløserknappen er i tætningsposition. Kog ved højt tryk i 56 minutter. Når det
l) er færdig, skal du bruge en hurtigudløser ved at dreje udløserknappen til udluftningspositionen, hvorved al dampen frigives. Når flydestiften falder, låses låget op og åbnes forsigtigt. Tryk på Annuller.
m) Brug folieslyngen og flyt forsigtigt cheesecaken til en rist. Efter 1 time, fjern folien og kør en tynd kniv rundt om kanterne på cheesecaken for at løsne den fra panden.
n) Dæk med plastfolie og stil på køl i mindst 8 timer eller natten over, indtil den er helt sat.
o) Skær i 8 skiver og server med et drys konditorsukker på toppen.

60. Mexicansk chokoladekage

INGREDIENSER:
- 1 1/2 kopper (355 ml) vand
- 11/3 kopper (160 g) universal glutenfri
- 1 kop (175 g) halvsød chokolademelblanding
- chips, delt
- 1/2 tsk natron
- 1/4 kop (56 g) usaltet smør, blødgjort
- 1 spsk (7 g) stødt kanel
- 1 kop (192 g) sukker   1/4 tsk salt
- 2 store æg, ved stuetemperatur
- 1/2 kop (120 ml) kærnemælk, delt
- 1/3 kop (80 ml) chokoladesirup
- 2 spiseskefulde (30 ml) tung fløde
- 1 spsk (15 ml) glutenfri   vaniljeekstrakt

INSTRUKTIONER:

a) Hæld vandet i den inderste gryde på din trykkoger. Tilføj en bordskåner til gryden. Spray en 7 x 3-tommer (18 x 7,6 cm) springform med nonstick-spray. Sæt til side.

b) Placer 2/3 kop (115 g) af chokoladechipsene i en skål, der tåler mikrobølgeovn. Mikroovn på høj effekt med 30 sekunders intervaller, indtil chokoladen er smeltet og glat, rør godt hver gang. Sæt til side.

c) Pisk smør og sukker i skålen med en røremaskine i 6 minutter, eller indtil blandingen er let og luftig. Tilsæt æggene, et ad gangen, og pisk godt efter hver tilsætning. Tilsæt chokoladesirup, vanilje og smeltede chokoladechips og pisk, indtil det er godt blandet.

d) I en mellemstor skål piskes melblandingen, bagepulver, kanel og salt sammen. Med din røremaskine ved lav hastighed, tilsæt halvdelen af melblandingen til chokoladedejen, bland godt. Tilsæt 1/4 kop (60 ml) af kærnemælken, og blend. Tilsæt den resterende melblanding og derefter resten af kærnemælken, fortsæt med at piske ved lav hastighed, indtil blandingen netop er blandet.

e) Hæld dejen i den forberedte gryde. Spray den ene side af et stykke aluminiumsfolie med nonstick madlavningsspray og dæk kagen (spraysiden nedad), krymp kanterne for at forsegle. Brug en folieslynge, sænk kagen ned på bordskånet i din trykkoger.

f) Luk og lås låget, og sørg for, at dampudløserknappen er i tætningsposition. Kog ved højt tryk i 55 minutter. Når tilberedningstiden er færdig, tillad en naturlig frigivelse på 10 minutter, og drej derefter knappen til udluftningspositionen, hvorved eventuel resterende damp frigives. Når flydestiften falder, låses låget op og åbnes forsigtigt.

g) Brug folieslyngen til at løfte kagen fra gryden og lægge den på en rist. Fjern folien fra toppen og lad kagen køle af i 10 minutter. Brug en smal spatel eller en slank kniv, løsn forsigtigt kagen fra siderne af formen og vend den på afkølingsristen. Lad det køle helt af.

h) Når kagen er afkølet, laver du glasuren.

i) Mikrobølgeovn de resterende 1/3 kop (60 g) chokoladechips i en mikrobølgeovn-sikker skål ved høj effekt i 2 minutter, omrør efter hvert 30. sekund, indtil glat. Tilsæt den tunge fløde og mikroovn for yderligere

j) 15 sekunder, eller indtil den lige er gennemvarm. Rør indtil glat og blank. Dryp glasuren over kagen. Lad kagen stå i yderligere 30 minutter til 1 time, så glasuren stivner inden servering.

61.Middelhavs sveske-blomme kage

INGREDIENSER:
TIL KAGEN:
- 1 kop fuldkornshvedemel
- ½ kop mandelmel
- 1 tsk bagepulver
- ½ tsk bagepulver
- ¼ tsk salt
- ½ kop olivenolie
- ½ kop honning
- 2 store æg
- 1 tsk vaniljeekstrakt
- ½ kop græsk yoghurt
- 1 kop udstenede svesker, hakket
- 1 kop blommer, skåret i skiver

TIL TOPPINGEN:
- 2 spsk honning
- ¼ kop hakkede mandler

INSTRUKTIONER:
a) Forvarm ovnen til 350°F (180°C). Smør og mel en kageform.
b) I en skål piskes fuldkornshvedemel, mandelmel, bagepulver, natron og salt sammen.
c) I en separat stor skål piskes olivenolie, honning, æg og vaniljeekstrakt sammen, indtil det er godt blandet.
d) Tilsæt de tørre ingredienser til de våde ingredienser, bland indtil de netop er blandet.
e) Vend den græske yoghurt i, indtil dejen er glat.
f) Vend forsigtigt de hakkede svesker i.
g) Hæld dejen i den forberedte kageform og glat toppen.
h) Anret de snittede blommer oven på dejen.
i) Dryp honning over blommerne og drys hakkede mandler ovenpå.
j) Bages i 35-40 minutter, eller indtil en tandstik indsat i midten kommer ren ud.
k) Lad kagen køle af i formen i 10 minutter, før den overføres til en rist for at køle helt af.
l) Når den er afkølet, skæres og serveres.

62.Mandel- og appelsinkage uden mel

INGREDIENSER:
- 1 kop mandelmel
- ¾ kop sukker
- 3 store æg
- Skal af 1 appelsin
- ¼ kop frisk appelsinjuice
- 1 tsk bagepulver
- ¼ tsk salt
- Skivede mandler til pynt

INSTRUKTIONER:

a) Forvarm ovnen til 350°F (180°C). Smør og beklæd en kageform.
b) I en skål piskes mandelmel, sukker, æg, appelsinskal, appelsinjuice, bagepulver og salt sammen, indtil det er glat.
c) Hæld dejen i den tilberedte gryde og drys skivede mandler ovenpå.
d) Bages i 25-30 minutter, eller indtil en tandstik indsat i midten kommer ren ud.
e) Lad kagen køle af, inden den skæres i skiver.

63. Appelsin og olivenolie kage

INGREDIENSER:
- 2 kopper mandelmel
- 1 kop sukker
- 4 store æg
- ½ kop ekstra jomfru olivenolie
- Skal af 2 appelsiner
- Saft af 1 appelsin
- 1 tsk bagepulver
- ¼ tsk salt
- Pulversukker til aftørring

INSTRUKTIONER:
a) Forvarm ovnen til 350°F (180°C). Smør og mel en kageform.
b) I en stor skål piskes mandelmel, sukker, æg, olivenolie, appelsinskal, appelsinjuice, bagepulver og salt sammen, indtil det er godt blandet.
c) Hæld dejen i den tilberedte gryde og bag i 30-35 minutter, eller indtil en tandstik, der stikkes i midten, kommer ren ud.
d) Lad kagen køle af, og drys derefter med melis før servering.

64.Chokolademousse kage

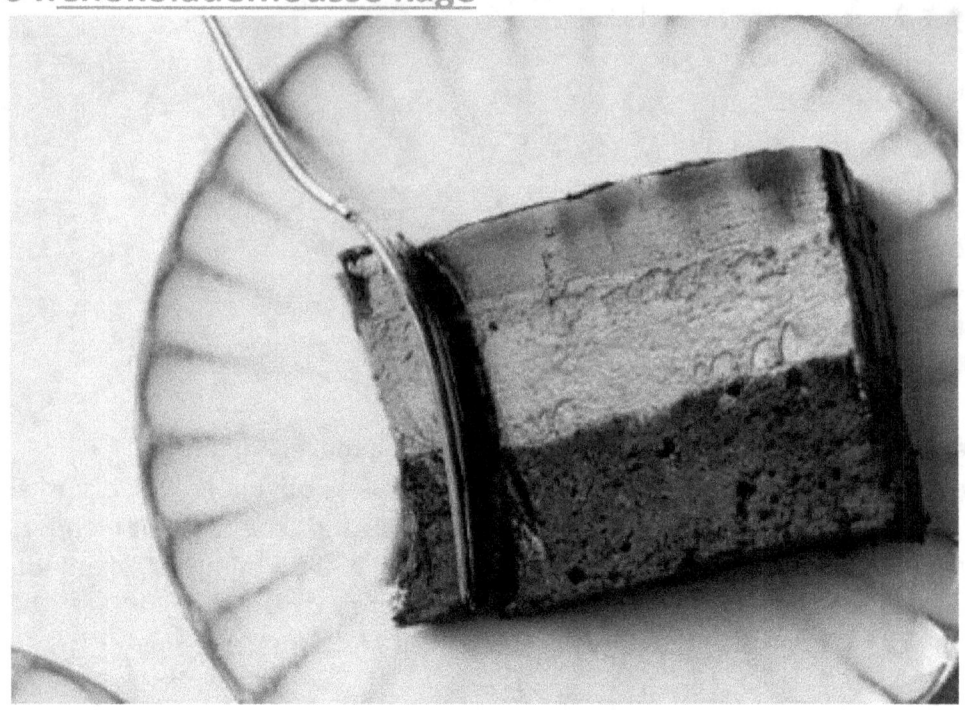

INGREDIENSER:
TIL KAGEN:
- 2 kopper mandelmel
- ½ kop usødet kakaopulver
- 1 tsk bagepulver
- ½ tsk bagepulver
- ¼ tsk salt
- 4 store æg
- ½ kop usødet mandelmælk
- ¼ kop smeltet kokosolie
- 1 tsk vaniljeekstrakt

TIL CHOKOLADEMOUSSEN:
- 1½ kop tung fløde
- ½ kop sukkerfri mørk chokoladechips
- 1 tsk vaniljeekstrakt

INSTRUKTIONER:
TIL KAGEN:
a) Forvarm din ovn til 350°F (180°C) og smør en rund kageform.
b) I en stor skål piskes mandelmel, kakaopulver, bagepulver, natron og salt sammen.
c) Pisk æggene i en separat skål og tilsæt derefter mandelmælk, smeltet kokosolie og vaniljeekstrakt. Bland godt.
d) Hæld de våde ingredienser i de tørre ingredienser og rør til det er godt blandet.
e) Hæld dejen i den forberedte kageform og glat toppen.
f) Bages i 25-30 minutter, eller indtil en tandstik indsat i midten kommer ren ud.
g) Lad kagen køle af i formen i 10 minutter, før den overføres til en rist for at køle helt af.

TIL CHOKOLADEMOUSSEN:
h) Opvarm ½ kop tung fløde i en gryde, indtil det begynder at simre. Fjern fra varmen.
i) Tilsæt de sukkerfri mørke chokoladechips til den varme fløde, og lad dem sidde i et minut for at smelte. Rør indtil glat.
j) I en separat skål piskes den resterende 1 kop tung fløde med vaniljeekstrakt, indtil der dannes stive toppe.
k) Vend forsigtigt den smeltede chokoladeblanding i flødeskummet, indtil det er godt blandet.

MONTAGE:
l) Når kagen er helt afkølet, skæres den i halve vandret.
m) Fordel et lag chokolademousse på den nederste halvdel af kagen.
n) Læg den øverste halvdel af kagen over mousselaget.
o) Dæk hele kagen med den resterende chokolademousse.
p) Stil kagen på køl i mindst 4 timer eller natten over for at sætte sig.

65. Chokolade rullekage

INGREDIENSER:
TIL KAGEN:
- 6 store æg, adskilt
- ½ kop mandelmel
- ¼ kop usødet kakaopulver
- 1 tsk bagepulver
- ¼ tsk fløde tatar
- 1 tsk vaniljeekstrakt

TIL FYLDET:
- 1 kop tung fløde
- ¼ kop usødet kakaopulver
- 1 tsk vaniljeekstrakt

INSTRUKTIONER:
TIL KAGEN:
a) Forvarm ovnen til 350°F (175°C). Beklæd en geléform med bagepapir.
b) Pisk æggeblommer i en stor skål, indtil de er blege og tykke. Tilsæt mandelmel, kakaopulver, bagepulver og vaniljeekstrakt. Bland indtil godt blandet.
c) I en separat skål, pisk æggehvider og creme af tatar indtil stive toppe dannes.
d) Vend forsigtigt æggehviderne i æggeblommeblandingen, indtil de netop er blandet.
e) Fordel dejen jævnt i den forberedte gryde.
f) Bages i 12-15 minutter eller indtil toppen er sat og kanterne begynder at trække væk fra siderne af gryden.
g) Tag den ud af ovnen og lad den køle lidt af.

TIL FYLDET:
h) Pisk fløde, kakaopulver og vaniljeekstrakt i en skål, indtil der dannes stive toppe.

SAMLING:
i) Når kagen er kølet lidt af, rulles den forsigtigt sammen, startende fra en af de korte ender, ved hjælp af bagepapir.
j) Lad rullekagen køle helt af.
k) Rul forsigtigt kagen ud og fordel flødeskumsfyldet jævnt over overfladen.
l) Rul kagen op igen uden bagepapir.
m) Valgfrit: Støv toppen med ekstra kakaopulver.
n) Stil på køl i mindst 2 timer før udskæring og servering.

66.Citronvalmuefrø kage

INGREDIENSER:
TIL CITRONVALMUMUMEKAGEN:
- 2 kopper mandelmel
- ⅓ kop kokosmel
- 1 spsk valmuefrø
- 1 tsk bagepulver
- ¼ tsk salt
- ½ kop usaltet smør, smeltet
- 4 store æg
- ⅓ kop usødet mandelmælk
- Skal af 2 citroner
- Saft af 1 citron
- 1 tsk vaniljeekstrakt

TIL BLACKBERRY SMØRCREMEN:
- 1 kop usaltet smør, blødgjort
- ½ kop friske brombær
- 1 tsk vaniljeekstrakt

INSTRUKTIONER:
TIL CITRONVALMUMUMEKAGEN:
a) Forvarm ovnen til 350°F (175°C). Smør og beklæd en kageform med bagepapir.
b) I en stor skål piskes mandelmel, kokosmel, valmuefrø, bagepulver og salt sammen.
c) I en separat skål blandes smeltet smør, æg, mandelmælk, citronskal, citronsaft og vaniljeekstrakt.
d) Tilsæt de våde ingredienser til de tørre ingredienser og rør, indtil det er godt blandet.
e) Hæld dejen i den forberedte kageform og glat toppen.
f) Bages i 25-30 minutter, eller indtil en tandstik indsat i midten kommer ren ud.
g) Lad kagen køle helt af inden frosting.

TIL BLACKBERRY SMØRCREMEN:
h) Purér brombærrene i en blender, indtil de er glatte. Si puréen for at fjerne frøene.
i) Pisk blødt smør i en stor skål, indtil det er cremet. Tilsæt brombærpuré og vaniljeekstrakt. Pisk til det er godt blandet og luftigt.

SAMLING AF KAGEN:
j) Når kagen er helt afkølet, smøres et lag brombærsmørcreme på toppen.
k) Læg et andet kagelag ovenpå og gentag, indtil alle lag er stablet.
l) Valgfrit: Frost hele kagen med den resterende brombærsmørcreme.
m) Pynt med friske brombær og citronskiver, hvis det ønskes.

67. Blåbær lime kage

INGREDIENSER:
TIL BLÅBÆRLIMEKAGEN:
- 2 kopper mandelmel
- ⅓ kop kokosmel
- 1 tsk bagepulver
- ¼ tsk salt
- ½ kop usaltet smør, smeltet
- 4 store æg
- Skal af 2 limefrugter
- 1 tsk vaniljeekstrakt
- 1 kop friske blåbær

INSTRUKTIONER:
TIL BLÅBÆRLIMEKAGEN:
a) Forvarm ovnen til 350°F (175°C). Smør og beklæd en kageform med bagepapir.
b) I en stor skål piskes mandelmel, kokosmel, bagepulver og salt sammen.
c) Bland smeltet smør, æg, limeskal, limesaft og vaniljeekstrakt i en separat skål.
d) Tilsæt de våde ingredienser til de tørre ingredienser og rør, indtil det er godt blandet.
e) Vend forsigtigt de friske blåbær i.
f) Hæld dejen i den forberedte kageform og glat toppen.
g) Bages i 25-30 minutter, eller indtil en tandstik indsat i midten kommer ren ud.
h) Lad kagen køle helt af inden glasering.

SAMLING AF KAGEN:
i) Pynt med ekstra limeskal og blåbær.
j) Skær og server.

68.Sesam citron krus kage

INGREDIENSER:
- 3 spsk mandelmel
- 1 spsk sesammel
- ¼ tsk bagepulver
- En knivspids salt
- 1 spsk smeltet smør
- 1 stort æg
- 1 spsk citronsaft
- ½ tsk citronskal
- ¼ tsk vaniljeekstrakt
- Valgfrit: 1 spsk sesamfrø (til topping)

INSTRUKTIONER:
a) Kombiner mandelmel, sesammel, bagepulver og en knivspids salt i et mikrobølgesikkert krus. Bland godt.
b) Tilsæt smeltet smør, æg, citronsaft, citronskal og vaniljeekstrakt til de tørre ingredienser. Rør indtil dejen er glat.
c) Mikroovn på høj i 1½ til 2 minutter, eller indtil kruskagen er sat i midten.
d) Valgfrit: Drys sesamfrø på toppen for ekstra tekstur.
e) Lad kruskagen køle af et par minutter før servering.

69.Kanelrulle krus kage

INGREDIENSER:
- 3 spsk mandelmel
- 1 spsk smeltet smør
- ¼ tsk bagepulver
- ½ tsk stødt kanel
- 1 stort æg
- ¼ tsk vaniljeekstrakt

INSTRUKTIONER:
a) Pisk mandelmel, smeltet smør, bagepulver, kanel, æg og vaniljeekstrakt i et mikrobølgesikkert krus.
b) Mikroovn på høj i 90 sekunder eller indtil kagen er sat i midten.
c) Lad det køle af i et minut, før du nyder det.

VEGANSKAGER

70. Snickerdoodle Cupcakes med Sukkersmørcreme

INGREDIENSER:
TIL CUPCAKES
- 3 kopper universalmel
- 1 spsk bagepulver
- 1 spsk stødt kanel
- ½ tsk salt
- 1¼ kopper granuleret sukker
- 1 kop vegansk smør, ved stuetemperatur
- 2 tsk vaniljeekstrakt
- 1 kop usødet æblemos
- 1 kop plantebaseret mælk, opdelt

TIL FRISTINGEN
- 1½ dl vegansk smør ved stuetemperatur
- 2 spsk pakket brun farin
- 1 tsk stødt kanel
- ½ tsk vaniljeekstrakt
- 4 kopper pulveriseret sukker, delt

INSTRUKTIONER:
a) Forvarm ovnen til 350°F. Beklæd 2 standard muffinsforme med papirliner.
b) Lav cupcakes: Kombiner mel, bagepulver, kanel og salt i en stor skål.
c) Brug en elektrisk håndmixer i en anden stor skål og pisk sukker og smør på medium-høj i cirka 5 minutter, eller indtil det er let og luftigt. Tilsæt vanilje og derefter æblemos, ¼ kop ad gangen, skrab skålen ned efter behov.
d) Reducer hastigheden til lav og tilsæt ⅓ af melblandingen, bland indtil den er inkorporeret, efterfulgt af ½ kop mælk. Tilsæt yderligere ⅓ af melblandingen efterfulgt af den resterende ½ kop mælk og den resterende melblanding. Pisk indtil det er helt blandet.
e) Fyld hver muffinkop ¾ fuld. Bages i 18 til 20 minutter, drej halvvejs igennem, eller indtil en tandstik indsat i midten kommer ren ud. Tag den ud af ovnen og lad den køle helt af i cirka 20 minutter.
f) Lav frostingen: Brug en elektrisk håndmixer i en stor skål og pisk smør, brun farin, kanel og vanilje på medium i cirka 5 minutter, eller indtil det er let og luftigt. Reducer hastigheden til lav, og tilsæt langsomt 1 kop pulveriseret sukker, pisk i 1 minut. Øg hastigheden til medium og pisk i 3 til 4 minutter. Gentag i intervaller på 1 kop med de resterende 3 kopper pulveriseret sukker.
g) Brug en offset spatel eller en sprøjtepose udstyret med en stor stjerne eller rund spids, frost cupcakes.

71.Drømmende flødefyldte chokoladecupcakes

INGREDIENSER:
- 1½ kop universalmel
- 1 kop granuleret sukker
- ¾ kop hollandsk-proces kakaopulver
- 1½ tsk bagepulver
- ¾ tsk bagepulver
- 1 kop sojakærnemælk
- ½ kop brygget kaffe, varm
- ½ kop usødet æblemos
- 1 tsk vaniljeekstrakt
- 2 kopper kokosflødeskum eller købt i butik, afkølet indtil det skal bruges
- 1 kop mælkefri halvsød chokoladechips
- ⅔ kop kokos- eller sojafløde
- 1 kop pulveriseret sukker, plus mere efter behov
- 1 spsk sojamælk

INSTRUKTIONER:

a) Forvarm ovnen til 350°F. Beklæd 2 standard muffinsforme med papirliner.

b) I en stor skål kombineres mel, granuleret sukker, kakaopulver, bagepulver og bagepulver. Tilsæt kærnemælk, kaffe, æblemos og vanilje. Pisk for at kombinere.

c) Hæld i de forberedte muffinsforme, og fyld hver kop cirka ½ fuld. Bages i 18 til 20 minutter, eller indtil en tandstik indsat i midten kommer ren ud. Fjern fra ovnen. Lad køle helt af.

d) Overfør flødeskummet til en sprøjtepose udstyret med en mellemrund spids eller en genlukkelig pose med hjørnet skåret af. Brug enden af en spatel eller piskeris til at skubbe et hul ind i midten af hver cupcake. Fyld med cremen. Frys cupcakes i cirka 15 minutter.

e) I en varmefast glasskål sat over en gryde fyldt med 2 til 3 tommer kogende vand, opvarm chokoladechipsene og kokosfløden under jævnlig omrøring, indtil de er smeltet. (Eller smelt i mikrobølgeovnen i 30 sekunders intervaller, indtil glat, rør ind imellem.)

f) I en lille skål piskes flormelis og sojamælk, indtil det er glat, og glasuren falder af piskeriset i bånd. Hvis det er for tyndt, tilsættes mere sukker, 1 spsk ad gangen, indtil den ønskede konsistens er nået. Overfør til en sprøjtepose udstyret med en lille rund spids, eller en genlukkelig pose med hjørnet afklippet for at lave en meget lille åbning.

g) Dyp eller kom den smeltede chokoladeganache oven på hver cupcake. Lad stivne i 10 minutter, rør derefter glasur-løkker hen over midten af hver cupcake og lad stivne i 15 minutter.

72.Ice Cream Sundae Cupcake kogler

INGREDIENSER:
- 24 fladbundede isvafler
- 2½ kopper universalmel
- 2¼ kopper granuleret sukker, delt
- 1 kop vegansk konfetti drys eller chips
- 1 spsk plus 1 tsk bagepulver
- 1 tsk salt
- ¼ kop vegansk smør, ved stuetemperatur
- 1 kop usødet sojamælk
- ⅔ kop vindruekerne eller let vegetabilsk olie
- ½ kop usødet æblemos
- 4 tsk vaniljeekstrakt, delt
- 3 ounce aquafaba
- ½ tsk fløde tatar
- 3 spsk pulveriseret sukker

TIL UDSYNING
- Vegansk chokolade eller regnbuedrys
- Veganske maraschino kirsebær

INSTRUKTIONER:

a) Forvarm ovnen til 350°F. Beklæd 2 standard muffinsforme med alufolie. Placer isvaflerne i de forberedte muffinforme, krøll om nødvendigt aluminiumsfolien for at hjælpe med at stabilisere dem.

b) I en stor skål kombineres mel, 1½ kopper granuleret sukker, drys, bagepulver og salt. Pisk for at kombinere.

c) Tilsæt smørret og skær smørret i melblandingen med en kagekniv, indtil det ligner groft majsmel. (Hvis du ikke har en wienerbrødsskærer, så brug 2 knive, skær i bevægelser på kryds og tværs.)

d) Tilsæt mælk, olie, æblemos og 2 teskefulde vanilje. Brug en elektrisk håndmixer og pisk på medium indtil glat. Fordel dejen jævnt mellem isvaflerne, og fylde dem ca. ¾. Overfyld ikke, da de kan vælte eller blive for tunge til at stå op.

e) Bages i 20 til 23 minutter, eller indtil en tandstik indsat i midten kommer ren ud. Fjern fra ovnen. Lad køle helt af.

f) I mellemtiden, brug en elektrisk håndmixer i en anden stor skål eller en standmixer med piskeristilbehør, pisk aquafabaen, de resterende 2 teskefulde vanilje og cremen af tatar på medium-høj i 8 til 10 minutter, eller indtil blandingen er stiv. toppe. (Hvis du kan vende skålen på hovedet, og blandingen ikke falder ud, har du nået stive toppe.) Tilsæt langsomt pulveriseret sukker og den resterende ¾ kop perlesukker, og fortsæt med at piske, indtil det er opløst, og fnugget er blankt skinne.

g) Overfør til en sprøjtepose udstyret med en stor rund spids, eller en genlukkelig pose, hvor hjørnet er klippet af, og sprøjt på de afkølede cupcakes i en hvirvlende bevægelse, så de ligner blød servering. Pynt med drys og kirsebær på toppen.

73.Søde kartofler & kaffe brownies

INGREDIENSER:
- 1/3 kop friskbrygget varm kaffe
- 1-ounce usødet chokolade, hakket
- ¼ kop rapsolie
- ⅔ kop sød kartoffelpuré
- 2 tsk ren vaniljeekstrakt

INSTRUKTIONER:
a) Forvarm ovnen til 350 grader Fahrenheit.
b) Kombiner kaffen og 1-ounce chokolade i en skål og sæt til side i 1 minut.
c) I en røreskål kombineres olien, sød kartoffelpuré, vaniljeekstrakt, sukker, kakaopulver og salt. Bland indtil alt er godt blandet.
d) Bland mel og bagepulver i en separat skål. Tilsæt chokoladestykkerne og bland godt.
e) Brug en spatel og rør forsigtigt de tørre ingredienser i de våde, indtil alle ingredienserne er blandet.
f) Hæld dejen i en bradepande og bag i 30-35 minutter, eller indtil en tandstik, der stikkes i midten, kommer ren ud.
g) Lad afkøle helt.

74. Chokolade-slik cheesecake

INGREDIENSER:
- 9-ounce æske chokolade wafer cookies; knust
- ¼ kop sukker
- ¼ kop plantebaseret smør; smeltede
- 2 chokoladeovertrukne karamel-jordnødde-nougatbarer; groft hakket
- 2 pakker plantebaseret flødeost; blødgjort
- ½ kop sukker
- ¾ kop halvsød chokoladechips; smeltede
- 1 tsk vanilje
- plantebaseret flødeskum

INSTRUKTIONER:
a) Kombiner de første 3 ingredienser; tryk blandingen jævnt på bunden og 1-½" op ad siderne af 9" springform.
b) Drys hakkede nougatstænger jævnt over bunden; sæt til side.
c) Pisk plantebaseret flødeost ved høj hastighed med en røremaskine til den er let og luftig.
d) Tilsæt gradvist sukker, bland godt.
e) Rør chokoladechips og vanilje i; pisk indtil det er blandet. Hæld over sliklaget. Bages ved 350° i 30 minutter.
f) Tag ud af ovnen og kør en kniv rundt om kanterne af gryden for at frigøre siderne.
g) Lad afkøle til stuetemperatur på en rist.
h) Dæk til og afkøl i mindst 8 timer.
i) For at servere skal du fjerne cheesecaken fra panden; pibe eller klat plantebaseret flødeskum på toppen.

75.Småkager og fløde cupcakes

INGREDIENSER:
TIL CUPCAKES
- 2½ kopper universalmel
- 2½ tsk bagepulver
- ½ tsk salt
- 1 kop granuleret sukker
- ½ kop vegetabilsk olie
- ½ kop usødet æblemos
- 1 tsk vaniljeekstrakt
- 1¼ kopper usødet sojamælk, delt
- 2 kopper groft knust veganske chokolade sandwich cookies

TIL FRISTINGEN
- 3 kopper pulveriseret sukker
- 1½ kopper vegansk chokolade sandwich småkage krummer
- 1 kop vegansk smør, ved stuetemperatur
- 2 spsk usødet sojamælk
- 1 tsk vaniljeekstrakt
- 24 veganske mini chokolade sandwich cookies, til pynt

INSTRUKTIONER:
a) Forvarm ovnen til 350°F. Beklæd 2 standard muffinsforme med papirliner.
b) Lav cupcakes: Bland mel, bagepulver og salt i en stor skål.
c) Brug en elektrisk håndmixer i en anden stor skål og pisk sukker, olie, æblemos og vanilje på medium i cirka 3 minutter, eller indtil dejen er inkorporeret og dejen er let og luftig.
d) Start og slut med melblandingen, tilsæt ca. ⅓ af melblandingen efterfulgt af halvdelen af mælken, og skrab skålen ned efter behov mellem tilsætningerne. Gentag indtil alle ingredienser er inkorporeret. Fold de knuste småkager i.
e) Fordel dejen jævnt i muffinsformene, og fyld hver kop cirka ¾ op. Bages i 18 til 20 minutter, eller indtil en tandstik indsat i midten kommer ren ud. Fjern fra ovnen. Lad køle helt af.
f) Lav frostingen: Brug en elektrisk håndmixer i en stor skål og pisk sukker, kagekrummer, smør, mælk og vanilje på medium, indtil det er glat. Sprøjt eller fordel over cupcakes og pynt med mini cookies.

76.Jordbær-vaniljebagte d'oh-nødder

INGREDIENSER:
- 3 spsk vegansk smør, smeltet, plus mere til smøring
- 1¼ kopper universalmel
- 1 kop usødet sojamælk, delt
- ½ kop granuleret sukker
- 1½ tsk vaniljeekstrakt, delt
- 1 tsk bagepulver
- ¼ tsk salt
- 1 kop jordbærsyltetøj
- 1 kop pulveriseret sukker
- 3 til 4 dråber vegansk pink gel madfarve
- ⅓ kop vegansk regnbuedrys

INSTRUKTIONER:

a) Forvarm ovnen til 350ºF. Smør 2 nonstick-donutpande. Beklæd en bageplade randet med bagepapir og læg en rist ovenpå.

b) I en stor skål kombineres mel, ¾ kop mælk, granuleret sukker, smør, 1 tsk vanilje, bagepulver og salt. Rør indtil godt blandet. Hæld i de forberedte pander, fyld ¼ fuld. Tilføj et lag marmelade til hver doughnut (hvis dit marmelade er super tykt, mikroovn i 20 til 30 sekunder for at løsne), og top derefter med mere dej, fyld ¾ fuld.

c) Bages i 10 til 12 minutter, eller indtil toppen ser sat ud. Tag den ud af ovnen, lad den køle af i 5 minutter, og flyt den derefter over på en rist for at køle helt af.

d) I en mellemstor skål kombineres pulveriseret sukker, den resterende ½ tsk vanilje, ¼ kop mælk og madfarven. Pisk indtil glasuren danner glatte bånd, når den dryppes, og farven er dyb pink.

e) Dyp hver doughnut i glasuren og vend tilbage på risten. Top med drys og lad stå i 10 minutter for at sætte sig.

77.Glaseret blåbær Streusel kaffekage

INGREDIENSER:
TIL KAGEN
- ¼ kop plus 2 spsk vegansk smør, ved stuetemperatur, plus mere til smøring
- 1 kop universalmel, plus mere til afstøvning
- 2 spsk varmt vand
- 1 spsk stødt hørfrø
- 1¼ tsk bagepulver
- ¼ tsk salt
- ½ kop granuleret sukker
- 1 kop usødet mandelmælk
- 1 tsk vaniljeekstrakt
- 1¼ kopper friske eller frosne blåbær, delt

TIL STREUSEL TOPPING
- ½ kop universalmel
- ½ kop pakket brun farin
- ½ kop finthakkede pekannødder
- ¼ kop vegansk smør, smeltet
- 1 tsk stødt kanel

TIL GLASUREN:
- 1 kop pulveriseret sukker
- 2 spsk usødet mandelmælk

INSTRUKTIONER:

a) Forvarm ovnen til 350°F. Smør og mel en 8 x 8-tommer bradepande.
b) Lav kagen: Bland vandet og hørfrø i en lille skål. Lad sidde i cirka 5 minutter.
c) I en mellemstor skål kombineres mel, bagepulver og salt.
d) Brug en elektrisk håndmixer i en stor skål og pisk sukker og smør på medium-høj i cirka 4 minutter, eller indtil det er let og luftigt. Tilsæt mælk, hørfrøblanding og vanilje og bland godt. Tilsæt langsomt de tørre ingredienser og bland til en jævn masse.
e) Lav streusel-toppen: Kombiner mel, sukker, pekannødder, smør og kanel i en mellemstor skål. Rør indtil godt blandet.
f) Hæld halvdelen af dejen i den tilberedte gryde og glat ud til et jævnt lag. Top med halvdelen af streuselen og 1 kop blåbær, og hæld derefter den resterende dej ovenpå. Drys den resterende streusel og ¼ kop blåbær på toppen.
g) Bag i 35 minutter, eller indtil en tandstik indsat i midten kommer ren ud. Fjern fra ovnen, lad afkøle i 20 til 30 minutter, og flyt derefter til en rist for at afkøle helt.
h) Lav glasuren: Pisk sukker og mælk i en lille skål, indtil det er tykt, men kan hældes. Dryp over den afkølede kage.

78.Bananbudding kage

INGREDIENSER:
- ¼ kop vegansk smør, ved stuetemperatur, plus mere til smøring
- 2½ kopper universalmel
- 1½ kopper granuleret sukker
- 1 spsk plus 1 tsk bagepulver
- 1 tsk salt
- 2 (3,4 ounce) pakker vegansk instant bananbuddingblanding, delt
- 1½ dl usødet kokosmælk
- 1 kop moden banan, moset, plus 2 bananer, skåret i ½ tomme tykke runde
- 2 kopper kokosfløde
- 2 spsk pulveriseret sukker

INSTRUKTIONER:

a) Forvarm ovnen til 350ºF. Smør 2 (9-tommer) runde kageforme, beklæd derefter bunden med bagepapir og smør igen.

b) I en stor skål kombineres mel, granuleret sukker, bagepulver og salt. Tilsæt smørret og skær smørret i melblandingen med en kagekniv, indtil det ligner groft majsmel. (Hvis du ikke har en wienerbrødsskærer, så brug 2 knive og skær på kryds og tværs.) Tilsæt 1 pakke instant buddingblanding, mælken og moset banan. Brug en elektrisk håndmixer til at blande på medium indtil glat.

c) Fordel jævnt mellem de forberedte pander, glat ud for at danne et jævnt lag, og bag i 25 til 30 minutter, eller indtil en tandstik indsat i midten kommer ren ud. Fjern fra ovnen. Lad køle helt af.

d) Brug en elektrisk håndmixer i en skål til at piske kokosfløden højt. Tilsæt pulveriseret sukker og fortsæt med at piske. Når blandingen begynder at tykne, tilsæt den resterende pakke buddingblanding og bland indtil glat og cremet. Stil på køl i mindst 30 minutter.

e) Læg 1 kage på et kagefad og top med halvdelen af cremefyldet, glat ud til et jævnt lag. Placer den resterende kage ovenpå og top med det resterende fyld ved at bruge en forskudt spatel til at skabe hvirvler. Top med de snittede bananer.

79. Gulerodskage med flødeost frosting

INGREDIENSER:
TIL KAGEN
- 1 kop rapsolie, plus mere til smøring
- 2 kopper universalmel, plus mere til afstøvning
- 2½ tsk stødt kanel
- ¾ tsk bagepulver
- ½ tsk bagepulver
- ½ tsk malet ingefær
- ¼ tsk salt
- ¼ tsk stødt muskatnød
- 1½ kopper granuleret sukker
- 1 kop usødet æblemos
- 3 kopper revet gulerødder

TIL FRISTINGEN
- ½ kop vegansk smør, ved stuetemperatur
- 1 (8-ounce) beholder almindelig vegansk flødeost, let blødgjort
- 1 tsk vaniljeekstrakt
- 3 til 5 kopper pulveriseret sukker
- 1 til 2 spsk plantebaseret mælk, hvis det er nødvendigt

INSTRUKTIONER:
a) Forvarm ovnen til 350ºF. Smør og mel en 9-x13-tommer bradepande.
b) Lav kagen: Kombiner mel, kanel, bagepulver, bagepulver, ingefær, salt og muskatnød i en stor skål. Tilsæt sukker, æblemos og olie. Brug en elektrisk håndmixer og pisk på medium indtil glat. Vend forsigtigt gulerødderne i.
c) Hæld dejen i den tilberedte gryde og bag i 35 minutter, eller indtil en tandstik indsat i midten kommer ren ud. Fjern fra ovnen. Lad køle helt af.
d) Lav frostingen: Brug en elektrisk håndmixer i en stor skål og pisk smør, flødeost og vanilje på medium-høj, indtil det er luftigt. Tilsæt sukkeret i intervaller på 1 kop, indtil frostingen er tyk og smørbar. (Bemærk, at flødeostfrosting skal være tykkere og mere stabilt end smørcreme. Brug nok sukker til at opnå denne konsistens.) Hvis frostingen er for tyk, fortynd den med mælken. Hvis frostingen er for tynd, tilsæt mere pulveriseret sukker, 1 spsk ad gangen, indtil den er tyknet.
e) Fordel frostingen jævnt over kagen.

80. Dobbelt Chokolade Torte

INGREDIENSER:
TIL TORTE
- 1 kop vegansk smør, smeltet, plus mere til smøring
- 3 kopper universalmel, plus mere til afstøvning
- 2 kopper mælkefri halvsød chokoladechips
- 2 kopper granuleret sukker
- 1 kop hollandsk-proces kakaopulver
- 2 spsk instant kaffe
- 2 tsk bagepulver
- 1 tsk bagepulver
- 1 kop usødet æblemos
- 1 kop usødet kokosyoghurt
- 1 kop varmt vand

TIL FRISTINGEN
- 1 kop vegansk flødeost, ved stuetemperatur
- 1 kop hollandsk-proces kakaopulver
- ⅓ kop granuleret sukker
- 1 tsk vaniljeekstrakt
- ⅛ teskefuld salt
- 2 kopper kokosflødeskum eller købt i butikken
- 2 spsk revet mælkefri 70% mørk chokolade, til pynt

INSTRUKTIONER:
a) Forvarm ovnen til 350ºF. Smør og mel 2 (9-tommer) runde kageforme.
b) Lav torten: I en foodprocessor forarbejdes chokoladechips og sukker til chipsene er finthakkede. Overfør til en stor skål. Tilsæt mel, kakaopulver, instant kaffe, bagepulver og natron.
c) Tilsæt æblemos, yoghurt, vand og smør. Pisk indtil glat. Fordel dejen jævnt mellem de forberedte pander.
d) Bages i 25 til 30 minutter, eller indtil en tandstik indsat i midten kommer ren ud. Fjern fra ovnen. Lad den køle helt af, inden den tages ud af panderne, ca. 1½ time.
e) Lav frostingen: Brug en elektrisk håndmikser i en stor skål og pisk flødeost, kakaopulver, sukker, vanilje og salt på medium-høj, indtil den er jævn. Vend flødeskummet i.
f) Skær kagerne i halve på langs, så du har 4 lag. Læg 1 lag på et kagefad, og tilsæt ¼ af frostingen. Top med endnu et lag kage. Gentag indtil alle 4 kagelag er stablet og det øverste lag er frostet ovenpå. Pynt med den mørke chokolade. Stil på køl i mindst 4 timer før servering.

81.Ristet kokos lagkage

INGREDIENSER:
TIL KAGEN
- ¾ kop vegansk smør, ved stuetemperatur, plus mere til smøring
- 1½ kopper strimlet usødet kokosnød
- 1 (5-ounce) dåse kokosmælk
- 1 spsk æblecidereddike
- 3 kopper universalmel
- 2 tsk bagepulver
- ½ tsk bagepulver
- ½ tsk salt
- 1½ kopper granuleret sukker
- 1 kop usødet æblemos
- 1 tsk vaniljeekstrakt
- 1 tsk kokosnøddeekstrakt

TIL FRISTINGEN
- 2 kopper vegansk smør, ved stuetemperatur
- 6 kopper pulveriseret sukker
- 1 tsk vaniljeekstrakt
- 1 tsk kokosnøddeekstrakt

INSTRUKTIONER:

a) Forvarm ovnen til 350ºF. Beklæd en lille bageplade med bageplade med bagepapir. Smør 2 (9-tommer) runde kageforme, beklæd derefter bunden med bagepapir og smør igen.

b) Lav kagen: Læg den strimlede kokosnød i et enkelt lag på den forberedte bageplade. Bages, hold øje med at undgå at brænde, i cirka 5 minutter, eller indtil let ristet. Fjern fra ovnen. Lad køle helt af.

c) Kombiner mælk og eddike i et 4-kopps glasmålebæger. Lad stå i 5 minutter.

d) I en stor skål piskes mel, bagepulver, bagepulver og salt. Brug en elektrisk håndmixer i en anden stor skål til at fløde sukker og smør sammen på medium-høj i cirka 5 minutter, eller indtil det er let og luftigt. Tilsæt æblemos, vanilje og kokosnøddeekstrakt. Bland indtil kombineret.

e) Reducer mixerhastigheden til lav. Start og slut med de tørre ingredienser, tilsæt skiftevis de tørre ingredienser og mælkeblandingen, skrab skålen ned mellem hver tilsætning. Vend forsigtigt ½ kop ristet kokos i.

f) Fordel dejen jævnt mellem de tilberedte pander og bag i 40 til 45 minutter, eller indtil en tandstik indsat i midten kommer ren ud. Fjern fra ovnen. Lad afkøle i 30 minutter, og flyt derefter til en rist for at afslutte afkølingen.

g) Lav frostingen: Brug en elektrisk håndmixer i en stor skål og pisk smørret på medium-højt, indtil det er blegt og cremet. Reducer hastigheden til medium og tilsæt sukkeret, ½ kop ad gangen, og bland godt mellem hver tilsætning. Tilsæt vanilje, kokosekstrakt og ½ kop ristet kokosnød. Bland indtil kombineret.

h) Udjævn toppen af kagerne (se tekniktip), og læg derefter 1 kagelag på et fad. Tilsæt ⅓ af frostingen og jævn til et jævnt lag, der dækker kagen. Læg den resterende kage ovenpå efterfulgt af den resterende frosting. Brug en offset spatel til at glatte frostingen ned langs siderne for at froste hele kagen. Drys den resterende ½ kop ristet kokos på toppen.

82. Kage i et krus

INGREDIENSER:
- 3 spsk mandelmel
- 1 banan, moset
- ½ tsk bagepulver
- 1 spsk kokosblomstsukker
- ½ tsk stødt kanel
- Knip malet ingefær
- Knivspids salt
- 1 spsk mandelolie, blødgjort
- ½ tsk økologisk vaniljeekstrakt

INSTRUKTIONER:
a) Bland alle ingredienserne i en røreskål og rør grundigt.
b) Overfør til et mikrobølgesikkert krus.
c) Mikroovn på høj effekt i cirka 2 minutter.

83. Kastanje- Kakaokage

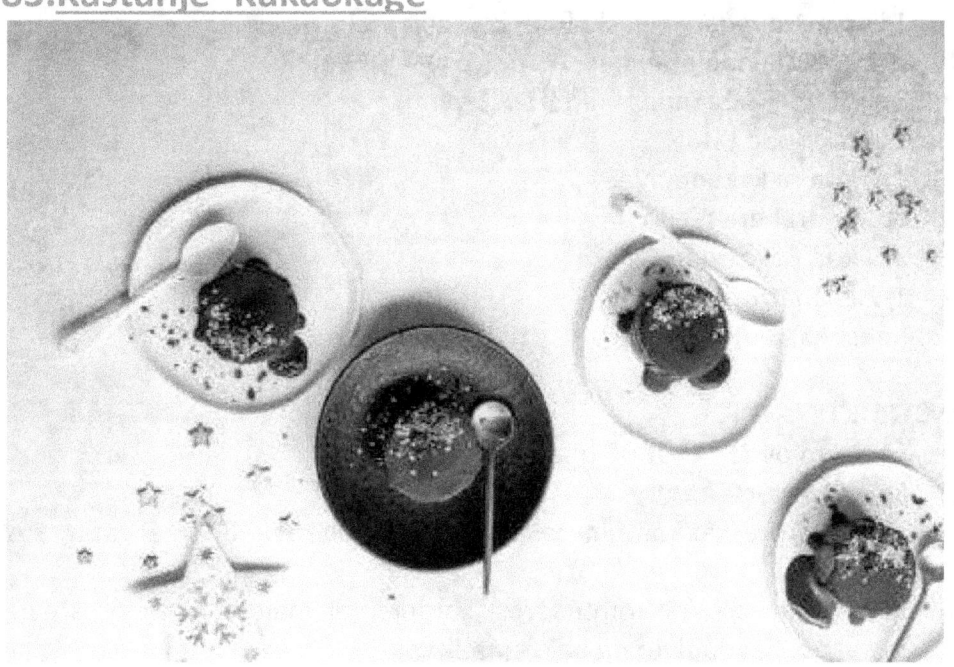

INGREDIENSER:
- 1 kop + 1 dynger spiseskefuld) kastanjemel
- 1/2 kop malede mandler
- 3 spsk hørfrø blandet med 9 spsk vand
- 1/2 tsk fløde tatar
- 1/2 kop rå kakaopulver
- et par dråber stevia
- 3/4 kop kokosmælk
- 1/2 tsk natron
- Knust kastanjer

INSTRUKTIONER:
a) Forvarm ovnen til 180C blæser (350F).
b) Smør en tærteform.
c) I en ren røreskål kombineres hørfrøblandingen og fløde af tatar. Sæt til side.
d) I en anden røreskål kombineres kastanjemel, malede mandler, stevia, rå kakao, bagepulver og kokosmælk.
e) Vend hørfrø/vinstensblandingen i.
f) Hæld i tærte-/tærteformen.
g) Drys eventuelt med knuste kastanjer.
h) Bages i 35-40 minutter på midterste rille.

84. Schwarzwald kage

INGREDIENSER:
TIL KAGEN
- ½ kop rapsolie, plus mere til smøring
- ⅔ kop hollandsk behandlet kakaopulver, plus mere til afstøvning
- 1 kop usødet mandelmælk
- 1 spsk frisk citronsaft
- 1¾ kopper universalmel
- 2 teskefulde bagepulver
- 1 tsk bagepulver
- 1 tsk salt
- 1½ kopper granuleret sukker
- 1 kop brygget kaffe, varm
- ½ kop usødet æblemos
- 2 tsk vaniljeekstrakt

TIL FYLDET:
- 1 (21-ounce) dåse kirsebærtærtefyld
- 1 spsk mandelekstrakt

TIL TOPPINGEN: S
- 2 opskrifter kokosflødeskum, afkølet eller 1 (8-ounce) beholder købt i butikken
- Friske eller dåse mørke søde kirsebær, til pynt (valgfrit)
- 2 kopper revet mælkefri 70 % mørk chokolade, til pynt (valgfrit)

INSTRUKTIONER:
a) Forvarm ovnen til 350ºF. Smør bunden og siderne af 2 (9-tommer) runde kageforme og drys med kakaopulver.

LAV KAGEN:
b) Kombiner mælken og citronsaften i et glasmålebæger. Lad stå i cirka 5 minutter.
c) I en stor skål piskes mel, kakaopulver, bagepulver, bagepulver og salt.
d) I en mellemstor skål kombineres sukker, mælkeblanding, kaffe, æblemos, olie og vanilje. Pisk indtil en glat, men tynd dej dannes.
e) Fordel jævnt mellem de forberedte kageforme, glat toppene ud, og bag dem i 30 til 35 minutter, eller indtil en tandstik indsat i midten kommer ren ud.
f) Fjern fra ovnen. Lad afkøle i 15 minutter, og overfør derefter til rist for at køle helt af. Dæk i plastfolie og stil på køl i mindst 4 timer (op til natten over).

LAVE FYLDET:
g) Kombiner tærtefyldet og mandelekstrakt i en mellemstor skål.
h) Skær kagerne i halve vandret. Læg 1 lag på en kage piedestal eller tallerken. Læg et tyndt lag flødeskum på og top med halvdelen af fyldet.
i) Top med endnu et lag kage og et tykt lag (ca. ½ tomme) flødeskum.
j) Læg endnu et lag kage på og top med det resterende fyld.
k) Læg det sidste lag kage ovenpå og brug den resterende flødeskum. Pynt med kirsebær (hvis du bruger) og chokoladen (hvis du bruger).

85. Græskar dump kage

INGREDIENSER:
- 30-ounce græskartærtepuré
- 2 høræg
- 1 dåse plantebaseret mælk
- ½ æske gul kagemix
- 1 kop hakkede valnødder
- ½ kop plantebaseret smør

INSTRUKTIONER:
a) Forvarm ovnen til 350 grader Fahrenheit.
b) Brug en mixer til at kombinere græskartærtepuré og plantebaseret mælk grundigt.
c) Hæld ingredienserne i en 11x7 eller 8x8 gryde.
d) Pisk let i ½ æske tør kageblanding ovenpå.
e) Top med hakkede valnødder og ½ kop smeltet plantebaseret smør.
f) Bag i cirka 40 minutter.
g) Lad afkøle indtil servering.

86. Deeply Delish Frosted Chokoladekage

INGREDIENSER:
TIL KAGEN
- 5 spiseskefulde vegetabilsk olie, plus mere til smøring
- 1½ kop universalmel
- 1 kop granuleret sukker
- ¼ kop hollandsk-proces kakaopulver, plus mere til afstøvning
- 1 tsk bagepulver
- ½ tsk salt
- 1 kop vand
- 1 tsk hvid eddike
- 1 tsk vaniljeekstrakt

TIL FRISTINGEN
- Vegetabilsk olie, til smøring
- 2 kopper mælkefri halvsød chokoladechips
- 1 (14 ounce) dåse kondenseret kokosmælk
- 1 tsk vaniljeekstrakt
- ½ kop chokoladesirup, plus mere efter behov
- ¼ kop vegansk chokoladedrys, til pynt

INSTRUKTIONER:

a) Forvarm ovnen til 350°F. Smør en 8 x 8-tommer bradepande.
b) Lav kagen: Kombiner mel, sukker, kakaopulver, bagepulver og salt i en stor skål. Tilsæt vand, olie, eddike og vanilje. Rør indtil der ikke er klumper tilbage.
c) Hæld i den forberedte gryde og bag i 30 til 35 minutter, eller indtil en tandstik indsat i midten kommer ren ud. Fjern fra ovnen. Lad afkøle i 10 minutter, og sæt derefter på køl i 1 time.
d) Lav frostingen: Smør en 8 x 8-tommer bradepande og beklæd med bagepapir.
e) I en varmefast glasskål sat over en gryde fyldt med 2 til 3 tommer kogende vand, opvarm chokoladechips og kondenseret mælk under jævnlig omrøring i cirka 5 minutter, eller indtil chokoladechipsene er smeltet og helt blandet med mælken. Rør vaniljen i.
f) Overfør til den forberedte gryde og stil på køl i cirka 2 timer, eller indtil den er helt afkølet.
g) Brug en elektrisk håndmixer i en stor skål til at piske den afkølede frostingblanding og chokoladesirup på medium-høj i 5 til 10 minutter, eller indtil den er luftig. Hvis frostingen stadig er for tyk, tilsæt mere sirup, 1 spsk ad gangen.
h) Overfør frostingen til en sprøjtepose forsynet med en stor stjernespids og rørglasurrosetter i rækker, indtil kagen er dækket, eller frost kagen helt med en offset spatel.
i) Pynt med drysset. Stil på køl indtil servering.

NO-BAKE KAGER

87.No-Bake romkage

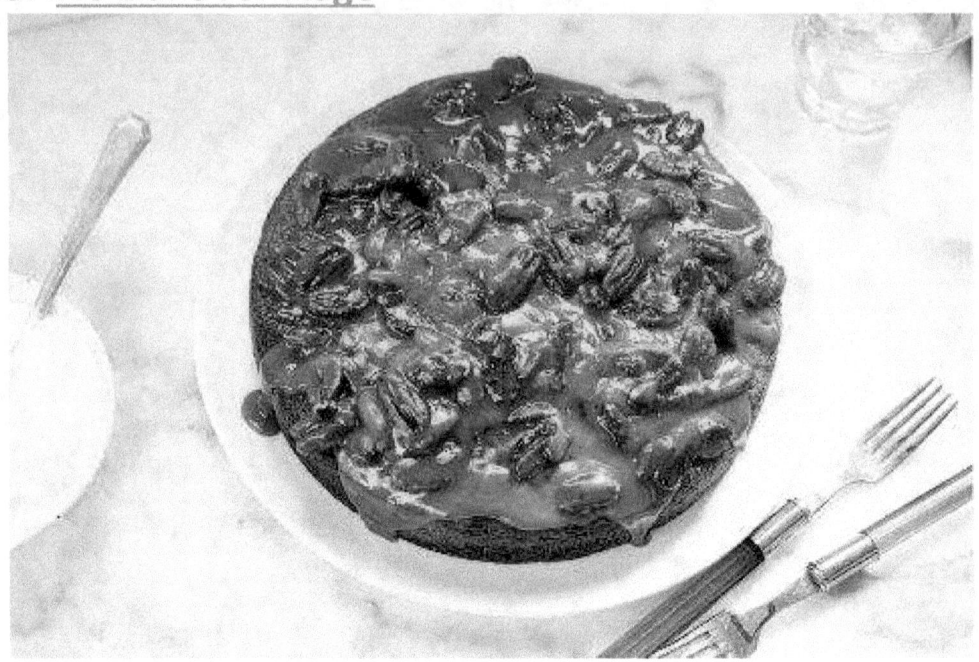

INGREDIENSER:
- 2 kopper knuste vaniljevafler
- 1 kop hakkede pekannødder
- 1 kop pulveriseret sukker
- ½ kop usaltet smør, smeltet
- ¼ kop mørk rom
- Flødeskum til pynt (valgfrit)

INSTRUKTIONER:
a) I en røreskål kombineres knuste vaniljevafler, hakkede pekannødder, pulveriseret sukker, smeltet smør og mørk rom.
b) Bland indtil ingredienserne er helt inkorporeret.
c) Tryk blandingen i en smurt 9-tommer springform eller et rektangulært fad.
d) Stil den på køl i mindst 2 timer, så kagen kan stivne.
e) Inden servering pyntes evt med flødeskum.

88.No-Bake syvlagskage

INGREDIENSER:
- 1 pakke graham kiks
- 1 kop usaltet smør, smeltet
- 1 kop revet kokosnød
- 1 kop hakkede nødder (f.eks. valnødder, pekannødder)
- 1 kop chokoladechips
- 1 kop butterscotch chips
- 1 kop sødet kondenseret mælk

INSTRUKTIONER:
a) Beklæd bunden af et rektangulært fad med graham-kiks.
b) Bland i en skål smeltet smør, revet kokosnød, hakkede nødder, chokoladechips, butterscotch-chips og sødet kondenseret mælk, indtil det er godt blandet.
c) Fordel et lag af blandingen over graham-kiksene.
d) Gentag lagene af graham-crackers og blandingen, indtil alle ingredienser er brugt, og afslut med et lag af blandingen ovenpå.
e) Stil den på køl i mindst 4 timer eller natten over, så kagen stivner.
f) Skær og nyd den lækre, ikke-bagte syvlagskage.

89. No-Bake chokoladecremekage

INGREDIENSER:
- 2 pakker chokolade sandwich cookies
- ½ kop usaltet smør, smeltet
- 2 kopper tung fløde
- ¼ kop pulveriseret sukker
- 1 tsk vaniljeekstrakt
- Chokoladespåner eller kakaopulver til pynt (valgfrit)

INSTRUKTIONER:
a) Knus chokoladesandwichkagerne til fine krummer med en foodprocessor eller ved at lægge dem i en forseglet plastikpose og knuse dem med en kagerulle.
b) Kombiner småkagekrummerne og smeltet smør i en røreskål, indtil blandingen ligner vådt sand.
c) Tryk småkageblandingen ned i bunden af en smurt springform for at danne skorpen. Sæt i køleskabet til afkøling.
d) Pisk den tunge fløde, pulveriseret sukker og vaniljeekstrakt i en separat skål, indtil der dannes stive toppe.
e) Fordel et lag af flødeskummet over den afkølede kagebund.
f) Gentag med endnu et lag kagekrummer og flødeskum, indtil alle ingredienser er brugt, afslut med et lag flødeskum på toppen.
g) Stil kagen på køl i mindst 4 timer eller indtil den er stivnet.
h) Inden servering pyntes med chokoladespåner eller drysses med kakaopulver, hvis det ønskes.
i) Skær og nyd denne dekadente no-bage chokoladecremekage!

90. No-Bake frugtkage

INGREDIENSER:
- 2 kopper blandet tørret frugt (såsom rosiner, tranebær, hakkede dadler og abrikoser)
- ½ kop usaltet smør
- ½ kop brun farin
- ½ kop æblejuice eller appelsinjuice
- 2 kopper knuste graham-kiks eller vaniljevafler
- ½ kop hakkede nødder (såsom valnødder eller mandler)
- ½ kop revet kokosnød
- 1 tsk stødt kanel
- ½ tsk stødt muskatnød
- ¼ teskefuld stødt nelliker
- ¼ tsk salt
- ½ kop pulveriseret sukker (til aftørring)

INSTRUKTIONER:
a) I en gryde kombineres blandet tørret frugt, smør, brun farin og æblejuice eller appelsinjuice.
b) Bring blandingen i kog ved middel varme under konstant omrøring.
c) Reducer varmen til lav og lad det simre i 5 minutter, mens du rører i det af og til.
d) Tag gryden af varmen og lad blandingen køle af i et par minutter.
e) Kombiner knuste graham-kiks eller vaniljewafers, hakkede nødder, revet kokosnød, stødt kanel, stødt muskatnød, stødt nelliker og salt i en stor røreskål.
f) Hæld den afkølede frugtblanding over den tørre ingrediensblanding. Rør indtil godt blandet.
g) Beklæd en brødform eller kageform med plastfolie eller bagepapir, og lad lidt overskydende hænge ud over siderne.
h) Overfør frugtkageblandingen i den forberedte gryde, og tryk den godt ned.
i) Fold overskydende plastfolie eller bagepapir over toppen af kagen.
j) Stil frugtkagen på køl i mindst 4 timer eller natten over.
k) Før servering tages kagen ud af formen og pudses med melis.
l) Skær og nyd denne fugtige og smagfulde frugtkage uden bagning!

91. No-Bake Matzoh Lagkage

INGREDIENSER:
- 4-6 stykker chokolademonatzoh
- 2 kopper flødeskum eller pisket topping
- 1 kop frugtkonserves (såsom hindbær eller jordbær)
- Friske bær til pynt (valgfrit)

INSTRUKTIONER:
a) Læg et lag matzoh-stykker i et enkelt lag på et serveringsfad eller tallerken.
b) Fordel et lag flødeskum eller pisket topping over matzoh.
c) Fordel et lag frugtkonserves over piskeflødelaget.
d) Gentag lagene, indtil du løber tør for ingredienser, og afslut med et lag flødeskum på toppen.
e) Stil matzoh-lagkagen på køl i mindst 4 timer eller natten over for at lade matzoh blive blød.
f) Inden servering, pyntes med friske bær, hvis det ønskes.
g) Skær og nyd denne lækre og unikke matzoh-lagkage uden bagning!

92.No-Bake Cherry Custard kage

INGREDIENSER:
- 2 kopper graham cracker krummer
- ½ kop usaltet smør, smeltet
- 2 (8-ounce) pakker flødeost, blødgjort
- 1 kop pulveriseret sukker
- 1 tsk vaniljeekstrakt
- 1 kop tung fløde, pisket
- 1 (21-ounce) dåse kirsebærtærtefyld

INSTRUKTIONER:
a) I en mellemstor skål kombineres graham cracker-krummerne og smeltet smør. Bland indtil krummerne er jævnt belagt med smør.
b) Tryk krummeblandingen ned i bunden af en 9-tommers springform, hvilket skaber et jævnt lag. Stil gryden i køleskabet til afkøling, mens du forbereder fyldet.
c) Pisk flødeosten i en stor skål, indtil den er glat og cremet.
d) Tilsæt flormelis og vaniljeekstrakt til flødeosten og fortsæt med at piske, indtil det er godt blandet.
e) Vend forsigtigt flødeskummet i.
f) Hæld flødeostblandingen over den afkølede skorpe i springformen og fordel den jævnt.
g) Hæld kirsebærtærtefyldet over flødeostblandingen, fordel det ud for at skabe et lag.
h) Dæk gryden med plastfolie og stil den på køl i mindst 4 timer eller natten over for at sætte sig.
i) Når den er sat, fjerner du siderne af springformen og skærer kagen i skiver til servering. Nyd den lækre no-bage kirsebærcremekage!

93.No-Bake Mango Kokos Kage

INGREDIENSER:
- 2 kopper graham cracker krummer
- 1 kop usødet strimlet kokosnød
- 1 kop mangopuré
- 1 kop flødeskum
- ½ kop kondenseret mælk
- ¼ kop smeltet smør
- Friske mangoskiver til pynt

INSTRUKTIONER:
a) Kombiner graham cracker-krummer, strimlet kokosnød og smeltet smør i en røreskål. Bland indtil krummerne er dækket.
b) Tryk halvdelen af krummeblandingen ned i bunden af en rund kageform eller springform for at skabe skorpen.
c) Bland mangopuré og kondenseret mælk i en separat skål, indtil det er godt blandet.
d) Vend flødeskummet i mangoblandingen, indtil det er glat.
e) Hæld mangoblandingen over skorpen i kageformen.
f) Drys den resterende krummeblanding ovenpå som pynt.
g) Stil på køl i mindst 4 timer eller indtil stivnet.
h) Inden servering pyntes med friske mangoskiver.

94. No-Bake Peanut Butter Chokoladekage

INGREDIENSER:
- 2 kopper chokolade wafer cookies, knust
- 1 kop cremet jordnøddesmør
- 1 kop pulveriseret sukker
- 1 kop flødeskum
- ½ kop smeltet chokolade til drypning
- Knuste jordnødder til pynt

INSTRUKTIONER:
a) I en røreskål kombineres knuste chokoladewafer cookies, jordnøddesmør, pulveriseret sukker og flødeskum. Bland indtil godt blandet.
b) Tryk halvdelen af blandingen i bunden af en rund kageform eller springform for at skabe skorpen.
c) Fordel et lag smeltet chokolade over skorpen.
d) Hæld den resterende jordnøddesmørblanding over chokoladelaget.
e) Dryp smeltet chokolade ovenpå som pynt.
f) Drys knuste peanuts over kagen.
g) Stil på køl i mindst 4 timer eller indtil stivnet.

95.No-Bake jordbær limonade kage

INGREDIENSER:
- 2 kopper graham cracker krummer
- 1 kop smeltet smør
- 1 kop jordbærpuré
- 1 kop flødeskum
- ½ kop pulveriseret sukker
- Skal af 2 citroner
- Friske jordbær til pynt

INSTRUKTIONER:
a) I en røreskål kombineres graham cracker-krummer og smeltet smør. Bland indtil krummerne er dækket.
b) Tryk halvdelen af krummeblandingen ned i bunden af en rund kageform eller springform for at skabe skorpen.
c) Bland jordbærpuré, flødeskum, pulveriseret sukker og citronskal i en separat skål, indtil det er godt blandet.
d) Hæld jordbærblandingen over skorpen i kageformen.
e) Fordel blandingen jævnt og glat toppen.
f) Stil på køl i mindst 4 timer eller indtil stivnet.
g) Inden servering pyntes med friske jordbær.

96.No-Bake Cookie Crumble Cheesecake

INGREDIENSER:
- 2 kopper småkage
- ½ kop usaltet smør, smeltet
- 16 oz flødeost, blødgjort
- 1 kop pulveriseret sukker
- 1 tsk vaniljeekstrakt
- 1 kop tung fløde
- Småkagekrummer til pynt (valgfrit)

INSTRUKTIONER:
a) Kombiner småkagekrummer og smeltet smør i en røreskål. Rør indtil krummerne er jævnt dækket.
b) Tryk blandingen i bunden af en smurt eller foret 9-tommer springform for at danne skorpen.
c) Stil i køleskabet til afkøling, mens du forbereder fyldet.
d) Pisk flødeost, pulveriseret sukker og vaniljeekstrakt i en separat skål, indtil det er glat og cremet.
e) I en anden skål piskes den tunge fløde, indtil der dannes stive toppe.
f) Vend forsigtigt flødeskummet ind i flødeostblandingen, indtil det er helt indarbejdet.
g) Hæld fyldet over den forberedte skorpe, fordel det jævnt.
h) Drys yderligere småkagekrummer ovenpå, hvis det ønskes.
i) Stil cheesecaken på køl i mindst 4 timer eller indtil den er stivnet.
j) Skær og server denne dejlige no-bage cookie crumble cheesecake!

97. No-Bake Ananas Chiffon Cheesecake

INGREDIENSER:
- 1 ½ kop graham cracker krummer
- ¼ kop usaltet smør, smeltet
- 8 oz let flødeost, blødgjort
- ½ kop pulveriseret sukker
- 1 dåse (20 oz) stødt ananas, drænet
- 1 kop pisket topping (såsom Cool Whip eller hjemmelavet flødeskum)

INSTRUKTIONER:
a) I en røreskål kombineres graham cracker-krummer og smeltet smør. Rør indtil krummerne er jævnt dækket.
b) Tryk blandingen i bunden af en smurt eller foret 9-tommers tærtefad for at danne skorpen. Stil i køleskabet til afkøling, mens du forbereder fyldet.
c) I en separat røreskål piskes let flødeost og pulveriseret sukker, indtil det er glat og cremet.
d) Vend den afdryppede knuste ananas og piskede topping i, indtil det er godt blandet.
e) Hæld fyldet over den forberedte skorpe, fordel det jævnt.
f) Stil cheesecaken på køl i mindst 4 timer eller indtil den er stivnet.
g) Skær og nyd denne lette og forfriskende ananas chiffon cheesecake uden bagning!

98. No-Bake Eggnog Cheesecake

INGREDIENSER:
- 1 ½ dl gingersnap småkage
- ¼ kop usaltet smør, smeltet
- 16 oz flødeost, blødgjort
- 1 kop pulveriseret sukker
- 1 tsk vaniljeekstrakt
- ½ tsk stødt muskatnød
- ½ kop æggesnaps
- Flødeskum og stødt muskatnød til pynt (valgfrit)

INSTRUKTIONER:
a) Kombiner gingersnap-kagekrummer og smeltet smør i en røreskål. Rør indtil krummerne er jævnt dækket.
b) Tryk blandingen i bunden af en smurt eller foret 9-tommer springform for at danne skorpen. Stil i køleskabet til afkøling, mens du forbereder fyldet.
c) Pisk flødeost, pulveriseret sukker, vaniljeekstrakt og stødt muskatnød i en separat skål, indtil det er glat og cremet.
d) Tilsæt gradvist æggesnapsen til flødeostblandingen, pisk indtil den er godt indarbejdet.
e) Hæld fyldet over den forberedte skorpe, fordel det jævnt.
f) Stil cheesecaken på køl i mindst 4 timer eller indtil den er stivnet.
g) Inden servering pyntes med flødeskum og eventuelt et drys stødt muskatnød.
h) Skær og nyd denne festlige og smagfulde no-bage æggesnaps cheesecake!

99. No-Bake Philly Summer Cheesecake

INGREDIENSER:
- 2 kopper graham cracker krummer
- ½ kop usaltet smør, smeltet
- 2 (8-ounce) pakker flødeost, blødgjort
- 1 kop pulveriseret sukker
- 1 tsk vaniljeekstrakt
- 1 kop tung fløde
- ¼ kop frisk citronsaft
- Skal af 1 citron
- Friske bær eller frugt efter eget valg til topping

INSTRUKTIONER:
a) I en mellemstor skål kombineres graham cracker-krummerne og smeltet smør. Bland indtil krummerne er jævnt belagt med smør.
b) Tryk krummeblandingen ned i bunden af en 9-tommers springform, hvilket skaber et jævnt lag. Stil gryden i køleskabet til afkøling, mens du forbereder fyldet.
c) Pisk flødeosten i en stor skål, indtil den er glat og cremet.
d) Tilsæt flormelis og vaniljeekstrakt til flødeosten og fortsæt med at piske, indtil det er godt blandet og luftigt.
e) I en separat skål piskes den tunge fløde, indtil der dannes stive toppe.
f) Vend forsigtigt flødeskummet i flødeostblandingen.
g) Tilsæt den friske citronsaft og citronskal til fyldet og fold, indtil alt er godt indarbejdet.
h) Tag springformen ud af køleskabet og hæld fyldet over graham-cracker-skorpen, og glat toppen med en spatel.
i) Dæk gryden med plastfolie og stil den på køl i mindst 4 timer eller natten over for at sætte sig.
j) Før servering fjernes forsigtigt siderne af springformen.
k) Top cheesecaken med friske bær eller frugt efter eget valg.
l) Skær i skiver og server afkølet. God fornøjelse!

100.No-Bake Abrikos Chiffon Cheesecake

INGREDIENSER:
- 2 kopper graham cracker krummer
- ½ kop usaltet smør, smeltet
- 1 (8-ounce) pakke flødeost, blødgjort
- ½ kop pulveriseret sukker
- 1 tsk vaniljeekstrakt
- 1 kop tung fløde, pisket
- 1 kop abrikoskonserves
- 1 spsk gelatine
- ¼ kop vand

INSTRUKTIONER:

a) Følg trin 1-6 fra den forrige opskrift for at forberede graham-cracker-skorpen og flødeostfyldet.
b) I en lille skål, der tåler mikroovn, dryss gelatinen over vandet og lad det sidde i 5 minutter for at blive blødt.
c) Mikrobølgeovn gelatineblandingen i cirka 20 sekunder eller indtil gelatinen er helt opløst. Lad det køle lidt af.
d) I en separat skål piskes den tunge fløde, indtil der dannes bløde toppe.
e) Vend forsigtigt flødeskummet i flødeostblandingen.
f) Hæld gradvist den afkølede gelatineblanding i flødeostblandingen, mens du løbende folder.
g) Fordel abrikoskonserves over graham cracker skorpen.
h) Hæld flødeostblandingen over konserves, fordel det jævnt.
i) Dæk gryden med plastfolie og stil den på køl i mindst 4 timer eller natten over for at sætte sig.
j) Når den er sat, fjerner du siderne af springformen og skærer cheesecaken i skiver til servering. Nyd den luftige og dejlige no-bage abrikos chiffon cheesecake!

KONKLUSION

Når vi afslutter vores rejse gennem "De bedste naturlige kager: en kogebog", håber jeg, at dine bagebestræbelser har været en dejlig fusion af smag og velvære. Denne kogebog er mere end en guide; det er en fejring af den glæde, der kommer fra at nyde lækre kager, der er lavet med det gode fra naturlige ingredienser.

Tak fordi du sluttede dig til mig i denne udforskning af naturlig sødme og sundhedsbevidst forkælelse. Må de opskrifter, du har opdaget, blive en værdsat del af dit bagerepertoire og fylde dit hjem med duften af sund godhed. Mens du nyder det sidste stykke af din omhyggeligt udformede naturlige kage, må det være en sød påmindelse om, at bagning både kan være en fest og en nærende oplevelse.

Her er til glæden ved sund bagning, glæden ved at nyde naturlig sødme og den vedvarende fornøjelse ved at skabe kager, der er lige så gode for din sjæl, som de er for dine smagsløg. God bagning og forkælelse!

www.ingramcontent.com/pod-product-compliance
Lightning Source LLC
Chambersburg PA
CBHW071323110526
44591CB00010B/995